Bózó agus Drámaí Eile

Bózó agus Drámaí Eile

Brian Ó Baoill

Cló Iar-Chonnachta
Indreabhán
Conamara

An Chéad Chló 2003

© Cló Iar-Chonnachta Teo. 2003

ISBN 1 902420 61 6

Dearadh Clúdaigh: Pierce Design
Dearadh: Foireann CIC

Tugann Bord na Leabhar Gaeilge
tacaíocht airgid do Chló Iar-Chonnachta

Tugann an Chomhairle Ealaíon
cúnamh airgid do Chló Iar-Chonnachta

Clóchur: Cló Iar-Chonnachta, Indreabhán, Conamara
Teil: 091-593307   **Facs:** 091-593362   **r-phost:** cic@iol.ie
Priontáil: Clódóirí Lurgan, Indreabhán, Conamara
Teil: 091-593251/593157

Clár

Sa Spás Amuigh

AN STÁITSE

Tá an stáitse leagtha amach sa chaoi is gur féidir aistriú ó radharc amháin go dtí radharc eile gan moilliú. Beidh an cúlbhrat simplí agus dorcha. Beidh réaltaí agus pláinéid le feiceáil ar an gcúlbhrat sa dara radharc. Ardán beag ar thaobh na láimhe deise, le cruth fuinneoige mar a bheadh i spáslong ar a chúl sa dara radharc.

ÉADAÍ

Éadaí ar dhath an airgid á gcaitheamh ag na daoine as Mars le bandaí beaga ar dhath eile chun gradaim éagsúla a chur in iúl.

RADHARCANNA

Ar Mars

Saotharlann ina bhfuil teileascóp.

Sa spáslong

Deic an chaptaein ar a mbeidh eochairchlár, cúpla stól agus cruth fuinneoige ar an gcúlbhrat agus cruthanna réaltaí agus pláinéad.

Ar Ceres

Dorchadas, toirneach agus tintreach, ainmhithe aisteacha fiáine.

Foireann

(Is féidir le cailíní nó le buachaillí aon cheann de na páirteanna seo a ghlacadh)

LIACH	*Príomh-Aire Mars*
MARDA	*Oifigeach*
MÓTÓ	*Ollamh agus Captaen na spásloinge*
REASA	*Cúntóir an Ollaimh*
NARAIC	*An Maor, ceannaire na ngunnadóirí ar an spáslong*
NAGA	*Innealtóir*
IRIA	*Ceannaire cosanta na spásloinge*
GUNNADÓIRÍ	
AINMHÍ	
AN DOCHTÚIR	

Radharc 1

Ar Mars.

Saotharlann an Ollaimh Mótó. Bord. Teileascóp. Léarscáil de na réaltaí agus leathanach staitisticí ar an mballa. Tá plean de spáslong mhór ina luí ar an mbord.

Feictear an tOllamh Mótó ag breathnú sa teileascóp. Croitheann sé a chloigeann, ligeann osna. Suíonn sé ag an ríomhaire agus breathnaíonn ar rudaí éagsúla.

Tagann REASA *isteach.*

REASA *(imní uirthi)*: Bhuel, céard a cheapann tú?

MÓTÓ *(go mall)*: Tá sé uafásach. Ní féidir liom dada a dhéanamh. Tá an dochar déanta.

REASA: Ach caithfimid rud éigin a dhéanamh. Tá imní ar na daoine. Bíonn na scamaill seo sa spéir an t-am ar fad. Tá sé róthe. Tá a lán daoine ina gcónaí i bpluaiseanna thuas sna sléibhte. Tá an fharraige ag ardú. Tá cuid de na bailte báite cheana féin!

MÓTÓ: Éist! Nach bhfuil mise agus na saineolaithe eile ag impí ar an rialtas leis na blianta stop a chur leis an truailliú atá á dhéanamh ar an atmaisféar? Ar éist siad linn? Níor éist.

REASA: Céard a tharlóidh anois?

MÓTÓ: Tá an t-atmaisféar an-tanaí agus is ag dul in olcas atá sé an t-am ar fad. Tá tinte foraoise á lasadh in aghaidh an lae. Tá an dochar déanta.

REASA: Nach bhfuil rud ar bith ann is féidir linn a dhéanamh?

MÓTÓ: Níl. Tá sé ródhéanach. Tá an dochar déanta. Tá an poll atá déanta ag an truailliú chomh mór sin anois nach bhfuil cosaint cheart againn níos mó ó ghathanna nimhneacha na gréine. Leáfar an leac oighir go léir, ardófar leibhéal na farraige . . . Tá an pláinéad seo . . . ag fáil bháis.

(*Cloistear toirneach sa chúlra agus ansin ceol scanrúil.*)

REASA: An é seo an deireadh? An bhfaighimid uile bás, mar sin? An féidir linn rud ar bith a dhéanamh?

MÓTÓ: Tá seans amháin ann. (*Síneann sé a mhéar i dtreo an teileascóip.*) Ceres. Tá an plainéad beag, ach creidim go bhfuil beatha ann, go bhféadfaimis maireachtáil ann . . . (*Ag machnamh dó féin agus ag siúl sall go dtí an teileascóp agus ag breathnú isteach ann ar feadh nóiméid*) Sea . . . is dóigh liom go bhféadfadh . . . ach níl an t-airgead againn.

REASA: An rialtas! Nach gcuirfeadh an rialtas an t-airgead ar fáil?

MÓTÓ: Breathnaigh! Ní dóigh liom go dtuigeann an rialtas an phráinn atá leis an gcás.

REASA: Práinn? Agus cén phráinn a bhaineann leis?

MÓTÓ (*ag ísliú a ghutha*): Is dóigh liomsa go mbeidh an t-atmaisféar rólag chun muid a choinneáil beo i gcionn cúig bliana.

REASA (*uafás uirthi*): Cúig bliana!

MÓTÓ: Cúig bliana, ar a mhéid.

REASA: An bhfuil a fhios ag aon duine faoi seo?

MÓTÓ: Tá a fhios agamsa . . . agus anois, tá a fhios agatsa. Sin an méid.

REASA: Ach cad chuige nár chuir tú sin in iúl do dhaoine eile?

MÓTÓ: Céard ab fhiú sin a dhéanamh? Ní fhéadfadh aon duine aon rud a dhéanamh faoi. D'iarr mé ar an bPríomh-Aire teacht anseo ag a trí a chlog. Éist, seo anois é.

(*Tagann* MARDA *isteach*)

MARDA: An Príomh-Aire, Liach.

(*Imíonn* MARDA *amach arís agus leanann* REASA *í. Tagann an* PRÍOMH-AIRE *isteach. Leagann sé lámh ar ghualainn Mhótó mar chomhartha beannachta. Dúnann* MÓTÓ *an doras go cúramach.*)

MÓTÓ: Fáilte romhat, a Phríomh-Aire!

LIACH: Céard é an scéal seo nach féidir leis fanacht? Tá mé an-ghnóthach, tá a fhios agat.

MÓTÓ (*ag síniú méire comhartha i dtreo na cairte staitisticí ar an mballa*): Breathnaigh ar na figiúirí sin.

LIACH (*ag breathnú orthu go mífhoighneach*): Sea, sea. Ach céard is brí leo?

MÓTÓ: Tá an t-atmaisféar scriosta. Tá sé ag éirí an-te.

LIACH: Ceart go leor. Céard is féidir a dhéanamh?

MÓTÓ: Tá sé ródhéanach. Ní féidir linn dada a dhéanamh. Tá an pláinéad seo . . . ar an dé deiridh.

(*Breathnaíonn* LIACH *air agus uafás agus fearg le sonrú ina aghaidh.*)

LIACH: Tá an pláinéad seo . . . ar an dé deiridh! Seafóid! Déan rud éigin faoi. Is tusa an príomhshaineolaí.

MÓTÓ: A Phríomh-Aire, tá na saineolaithe ag rá leis an rialtas leis na céadta bliain an truailliú a stopadh. Ach níor stopadh é agus tá sé ródhéanach anois.

LIACH: A Thiarna! (*Suíonn sé síos. Breathnaíonn sé suas*

ar Mhótó.) Cá mhéad ama atá againn, cúpla céad bliain?

MÓTÓ: Cúig bliana, ar a mhéad.

(*Léimeann* LIACH *ar a chosa.*)

LIACH: Cúig bliana! Cúig bliana! (*Íslíonn sé a ghuth agus breathnaíonn timpeall.*) An bhfuil a fhios ag daoine eile faoi seo?

MÓTÓ: Níl a fhios ag duine ar bith seachas mé féin, tú féin agus Reasa faoi seo.

LIACH (*scanraithe*): Ní mór é seo a choinneáil faoi rún. Dá mbeadh a fhios ag daoine faoi seo bheadh réabhlóid ann! An féidir é a sheachaint? Céard a mholfá féin?

MÓTÓ: Rud amháin. Spáslong a chur amach chun pláinéad nua a aimsiú.

LIACH: Tuigim. An-smaoineamh. Ach . . . an costas . . . na billiúin!

MÓTÓ: Nach cuma? Cén mhaith airgead mura mbíonn daoine ann?

LIACH: Tá an ceart agat. Ar aghaidh leat. Déan do chuid pleananna. Ach bíodh sé faoi rún. Ná bíodh foireann na spásloinge, fiú, ar an eolas faoi fháth an turais. Faoi rún.

(*Fágann siad slán ag a chéile agus imíonn* LIACH.

Téann MÓTÓ *chuig an mbord agus ardaíonn plean de spáslong mhór, scrúdaíonn sé é, a chúl leis an lucht féachana.*

Tagann REASA *isteach agus casann* MÓTÓ *ina treo.*)

MÓTÓ: Tá an cinneadh déanta. Tá spáslong le hullmhú. Foireann le haimsiú. Gach rud faoi rún. Beidh sé deacair.

13

REASA: Agus cén chinnteacht atá ann go mbeidh muid
ag . . . filleadh?

(Cuireann MÓTÓ *méar lena bheola mar chomhartha gur
ábhar é sin nach bhfuil le plé.)*

(Soilse á n-ísliú agus an radharc á athrú.)

Radharc 2

Spáslong ar deis. Spéir ar clé. Tá cruth fuinneoige greamaithe ar an gcúlbhrat ag deic an Chaptaein sa spáslong, ar an ardán beag ar deis. Tá Mótó ina sheasamh, beagán níos airde ná an chuid eile, os comhair boird ar a bhfuil na cnaipí stiúrtha, a n-aghaidh ar an lucht féachana. Tá Reasa ina seasamh ar thaobh na láimhe deise uaidh, ag breathnú isteach i scáileán.

Tá Iria ina seasamh ar a lámh chlé, ag plé le scáileán eile. Tá Naga, an príomhinnealtóir, ina shuí ar a lámh dheas. Tá réaltaí agus pláinéid greamaithe den chúlbhrat ar clé chun go mbeidh an chuma ar an radharc go bhfuil an spáslong ag taisteal tríd an spás. Cloistear crónán spásloinge ach níl sé ard go leor le go múchfaí guthanna na n-aisteoirí.

MÓTÓ: Aon rud le tuairisciú agatsa, a Reasa?

REASA: Táimid ag tarraingt ar Ceres, a Chaptaein.
(*Corraithe*) Is léir go bhfuil atmaisféar ag an bpláinéad seo.
(*Tagann* MÓTÓ *chuici agus breathnaíonn sa scáileán.*)

MÓTÓ: Hmm. Níl a fhios agam. Tá cuma dhorcha ar na scamaill sin. Stoirmeacha. Bolcáin, b'fhéidir. Tá atmaisféar ann, cinnte. Ciallaíonn sé sin go bhfuil beatha de chineál éigin ann. Seans gurb é seo an áit atá uainn.
(*Ag ordú don fhoireann*) Dírígí ar Ceres.

REASA: Beidh sé go hiontach cos a leagan ar talamh arís,

tar éis bliain go leith a chaitheamh ar an spáslong seo.

(*Tugann* MÓTÓ *i leataobh í ón chuid eile agus labhraíonn sé go ciúin léi.*)

MÓTÓ: B'fhearr gan aon rud a rá faoi sin. Níl mé ag iarraidh go mbeadh imní ar an bhfoireann. Tuigeann siad go bhfuil práinn ann ach ní thuigeann siad a phráinní atá sé. Mura mbíonn an pláinéad seo feiliúnach . . . beidh fadhb againn. An mbeidh go leor ama againn le pláinéad eile a lorg?

IRIA: Spáslonga ag teacht inár dtreo!! Spáslonga ag teacht inár dtreo agus eagar catha orthu!! Rabhchán! Rabhchán! Rabhchán!

(*Cloistear an rabhchán. Ritheann* MÓTÓ *chuig scáileán Iria. Soilse ag lasadh agus ag múchadh. Cloistear fuaimeanna nua, fuaim innill mar a bheadh toirneach ann, urchair á gcaitheamh. Caitear foireann na spásloinge anonn is anall go garbh. Bíonn orthu greim a choinneáil ar rudaí.*)

MÓTÓ (*ag béicíl isteach ina mhicreafón*): Naraic, Naraic! Gunnaí. Scaoil leo. Ar lánluas! Gunnaí! Gunnaí!

(*Cloistear gunnaí na spásloinge ag tosú.*)

Cuir amach an sciath chosanta, a Iria.

(*Ritheann* NARAIC *isteach.*

Caitear gach duine ar fud na háite, ainneoin a dtréaniarrachtaí fanacht ina n-áit féin.

Caitear Iria trasna an tseomra óna scáileán.)

NARAIC: Gunnaí ar tinneall, a Chaptaein.

(*Seasann sé taobh le Iria agus é ag breathnú ar an scáileán.*

Feictear Iria ag iarraidh a bealach a dhéanamh ar ais
go dtí a scáileán chun cnaipe na scéithe cosanta a
bhrú. Cloistear pléasc mhór agus feictear bladhmanna.
Éiríonn le Iria an cnaipe a bhrú.)

NAGA: Bhuail siad muid, a Chaptaein!

MÓTÓ: Scrúdaigh an damáiste, a Reasa!

(*Imíonn* REASA.)

IRIA: Tá an sciath chosanta in airde, a Chaptaein.

MÓTÓ: Maith thú, a Iria.

(*Cloistear pléascadh gunnaí.*)

NAGA: Leag muid ceann acu, a Chaptaein!

MÓTÓ: Iontach!

(*Socraíonn an spáslong síos, ach fós cloistear urchair á*
scaoileadh agus feictear soilse ag spréacharnach.)

IRIA (*ag breathnú ar a scáileán*): Tá siad ag imeacht, a
Chaptaein.

(*Éiríonn cúrsaí níos ciúine agus, de réir a chéile,*
cloistear crónán inneall na spásloinge.

Tagann REASA *ar ais.*)

REASA: Níl an damáiste ródhona, a Chaptaein. D'éirigh
liom é a shocrú.

(*Déanann* MÓTÓ *miongháire léi agus sméideann sé*
súil uirthi.)

MÓTÓ (*Sa mhéadaitheoir*): Na hoifigigh uile chuig deic
an Chaptaein! Na hoifigigh chuig deic an
Chaptaein! Sciath chosanta isteach!

(*Brúnn* IRIA *cnaipe.*)

IRIA: Sciath chosanta istigh, a Chaptaein.

(*Bailíonn* NA HOIFIGIGH *mórthimpeall.*)

MÓTÓ: A chairde, go raibh maith agaibh. Bhí sé sin
contúirteach. Tháinig siad aniar aduaidh orainn!

Céard ba chóir dúinn a dhéanamh anois? Ar
chóir dúinn tuirlingt ar an phláinéad seo, Ceres?

NARAIC: Ba chóir. Tá ár gcuid gunnaí i bhfad níos
cumhachtaí ná na cinn atá acusan. Ní bheadh
fadhb ar bith againn iad a bhualadh.

MÓTÓ: Ach tá muide ag lorg pláinéad folamh. Níl muid
ag iarraidh aon dream a dhíbirt. Ní bheadh sé
sin ceart ná sibhialta.

NARAIC: Sibhialta! Cé tá ag iarraidh a bheith sibhialta
nuair atá ár bpobal féin i mbaol? Síos linn chun
an dream sin a dhíbirt, sin a deirimse.

MÓTÓ: Ní dóigh liom . . .

NARAIC: Gabh mo leithscéal, a Chaptaein, ach tá na
gunnadóirí ag éirí an-imníoch. Deir siad go
bhfuil sé in am againn filleadh abhaile.

MÓTÓ: Ach níl pláinéad oiriúnach aimsithe againn.

NARAIC: Tá pláinéad aimsithe againn. *(É ag éirí dána)*
Tá na gunnadóirí ag rá go bhfuil rogha agat.
Tuirlingt ar an phláinéad seo nó filleadh abhaile
láithreach. Níl siad sásta dul níos faide.

(Breathnaíonn MÓTÓ *ar Reasa agus croitheann a
chloigeann.)*

MÓTÓ *(ag caint le Naraic)*: An bagairt í seo?

NARAIC: Más maith leat. Agus aontaímse leo.

(Seasann MÓTÓ *agus* REASA *i leataobh agus
labhraíonn siad i gcogar le chéile.)*

MÓTÓ: Céard a cheapann tú?

REASA: Níl an dara rogha againn faoi láthair.

MÓTÓ: Aontaím leat. Caithfimid tuirlingt ann. Is gearr
go mbeidh a fhios againn.

(Siúlann MÓTÓ *ar ais go dtí a chlár stiúrtha.)*

MÓTÓ: Ar aire don tuirlingt! Sciath chosanta amach!
Gunnadóirí ar aire. Coscáin aeir ar siúl!
*(Cloistear fuaimeanna éagsúla le cur in iúl go bhfuil
na nithe seo ag tarlú.*

Déanann NARAIC *miongháire gránna agus imíonn
sé.)*

(Íslítear na soilse agus cloistear an spáslong ag tuirlingt.)

Radharc 3

Ar Ceres.

Ardaítear na soilse agus feictear Mótó *ag breathnú amach.*
Plandaí aisteacha (déanta as cairtchlár) le feiceáil ar clé.

MÓTÓ: Tá muid tar éis tuirlingt. An bhfuil aon rud le
feiceáil?

IRIA: Tá aer ann, mar tá plandaí ann. Tá an t-aer maith
go leor dúinne. Is féidir linn dul amach.

MÓTÓ: An bhfuil aon ainmhithe le feiceáil, nó aon rud
a d'fhéadfadh bheith contúirteach?

IRIA: Ní fheicim aon ní mar sin.

MÓTÓ: Tá go maith. A Reasa, breathnaigh tusa
timpeall. A Naraic, tabhair buíon ghunnadóirí
leat lena cosaint.

*(Ardaítear na soilse taobh amuigh den spáslong agus
feictear plandaí aisteacha.*

Siúlann REASA *agus* NARAIC *agus triúr* GUNNADÓIRÍ
go cúramach as an spáslong agus trí na plandaí.

*Cloistear fuaimeanna mar a bheadh ainmhí mór de
chineál éigin ag teacht ina dtreo go mall.*

Stadann REASA *agus cromann sí ar chúl planda.*

Scaipeann na GUNNADÓIRÍ.

Cúlaíonn NARAIC *siar i dtreo na spásloinge go ciúin.*

*Tagann na fuaimeanna atá an-scanrúil níos gaire
dóibh. Ansin tagann ainmhí mór uafásach isteach
agus ligeann búir mhór agus ullmhaíonn chun
ionsaithe.*

Ritheann NARAIC *agus beirt de na* GUNNADÓIRÍ *ar ais go dtí an spáslong.*

Seasann GUNNADÓIR *amháin agus tosaíonn sé ag scaoileadh leis an ainmhí nuair a thiontaíonn sé sin i dtreo Reasa.*

Cé go bhfuil sé gortaithe, leanann an t-ainmhí air, REASA *ag cúlú roimhe. I ndeireadh na dála, baintear tuisle as Reasa agus bíonn an t-ainmhí ar tí í a ionsaí nuair a léimeann an* GUNNADÓIR *air. Troid fhíochmhar leis an ainmhí. Éiríonn leis, faoi dheireadh, an ruaig a chur ar an ainmhí. Gortaítear an gunnadóir go dona. Ritheann an t-ainmhí leis ag búiríl leis go fíochmhar.*

Téann an GUNNADÓIR *gortaithe chuig Reasa agus cabhraíonn léi éirí agus siúl ar ais go dtí an spáslong. Scaltar na soilse ar an spáslong.*)

Radharc 4

Sa spáslong.
Feictear Mótó, Iria, Naga agus Naraic ann. Tagann an
GUNNADÓIR *isteach agus é ag tabhairt cúnaimh do Reasa.*
Téann MÓTÓ *chucu.*

MÓTÓ: An bhfuil sibh gortaithe go dona? Suígí síos
anseo. Glaoigh ar an dochtúir, a Iria.
(Déanann IRIA *an glao ar a guthán póca)*
Tagann an DOCHTÚIR *isteach agus scrúdaíonn sé iad.*
Casann MÓTÓ *agus* IRIA *i dtreo Naraic.)*

IRIA: A Choirnéil Naraic, ní raibh mé sásta leis an méid
a rinne tú féin agus beirt de do chuid gunnadóirí
amuigh ansin. Murach gur fhan an Ceannfort
Lianó, bheadh Reasa marbh. An bhfuil dada le rá
agat?

NARAIC *(go dána)*: Níor tháinig mise ar an turas seo
chun bás a fháil.

MÓTÓ: Más é sin an dearcadh atá agat, tá orm a rá leat
nach tusa Ceannaire na nGunnadóirí a thuilleadh.
(Baineann MÓTÓ *an scaif dhaite de Naraic agus*
téann go dtí an Ceannfort Lianó agus bronnann air í.
NARAIC *ar buile faoi sin)*

NARAIC: Beidh aiféala ort faoi seo fós, a Mhótó!

MÓTÓ: A Reasa, a Lianó, tugaigí libh an Coirnéal
Naraic chun an phríosúin.
(Diúltaíonn NARAIC *go garbh ligean dóibh lámh a*
chur air ach siúlann rompu.)

NARAIC *(ar a bhealach amach)*: Tá súil agam go dtuigeann tú céard tá ar siúl agat, a Mhótó.

MÓTÓ: Bí cúramach, a Naraic, nó fágfaidh mé ar an bpláinéad seo tú i d'aonar.

(Imíonn NARAIC *le Reasa agus le Lianó.*

Téann MÓTÓ, NAGA *agus* IRIA *chuig a n-áiteanna.)*

MÓTÓ *(le Naga)*: Ardaigh an spáslong.

(Glór na n-inneall, soilse ag spréacharnach.

Tagann REASA *ar ais.)*

REASA: Beidh trioblóid againn le Naraic fós.

MÓTÓ: Beidh.

REASA: Cén treo anois?

MÓTÓ *(le Iria)*: An mbeidh Lianó in ann na gunnadóirí a choinneáil faoi smacht?

IRIA: Beidh, seachas duine nó beirt atá an-chairdiúil le Naraic.

MÓTÓ: Coinnigh súil ghéar ar na daoine sin, a Iria. *(Le Reasa)* Bhí mé ag smaoineamh ar an bpláinéad gorm sin. Chonaic muid é tamall siar. Tá sé beag, ach déarfainn go bhfuil beatha ann. Níl a fhios againn an bhfuil cónaí air nó nach bhfuil, ach is fiú é a thriail. Ar aghaidh linn, mar sin, i dtreo an phláinéid ghoirm.

REASA: An pláinéad gorm ag teacht ar an scáileán, a Chaptaein.

(Téann MÓTÓ *go dtí an scáileán agus breathnaíonn sé air.)*

MÓTÓ: Breathnaíonn sé fíorálainn, dochreidte álainn. Tá aer agus uisce ann. Bímis ag súil nach bhfuil aon chónaí air. Síos linn, socraigh ar chúrsa céad míle os a chionn go bhfeicfimid céard tá ann.

(Éiríonn an t-ardán dorcha de réir a chéile, cloistear inneall na spásloinge ag screadach, cloistear gunnaí. Tarlaíonn pléasc mhór. Dorchadas. Ciúnas.)

CRÍOCH

Eibhlín Rua

Foireann

EIBHLÍN RUA	*déagóir*
TAIBHSE EIBHLÍN RUA	
SORCHA BN UÍ CHUIRÍN	*máthair Eibhlín Rua,*
	bean bhocht
PÁDRAIC Ó CUIRÍN	*athair Eibhlín Rua,*
	tionónta de chuid mháistir
	an Tí Mhóir
SIOBHÁN BN UÍ DHÁLAIGH	
STIOFÁN	*mac Shiobhán, timpeall 16*
	bliain d'aois
SÍLE	*iníon Shiobhán, timpeall 15*
	bliain d'aois, gruaig
	dhorcha
MÁIRE	*iníon Shiobhán, timpeall 14*
	bliain d'aois, gruaig rua
ANTÓN	*timpeall 12 bliain d'aois,*
	col ceathar le Stiofán, Síle
	agus Máire
VALERIA BN UÍ BHRIAIN	*baintreach Dhonncha*
	Uí Bhriain, deirfiúr chéile
	Shiobhán
AMANDA NÍ BHRIAIN	*iníon Valeria*
MAC UÍ ÓGÁIN	*Ceantálaí*
UNCAIL TADHG	*Seanfhear aisteach*
BANALTRA	

Radharc 1

Seomra i dTeach Mór i lár an 19ú haois, éadaí dá réir. Bealach
amach ar deis, ar clé agus sa lár ar cúl. Dhá choinneal lasta.
Corp Eibhlín Rua ina luí, a taobh leis an lucht féachana.
Máthair Eibhlín Rua ina seasamh ar an taobh clé.
Banaltra ag iompar leanbh beag. An seomra dorcha seachas
solas buí na gcoinnle timpeall na leapa.

MÁTHAIR (*go caointeach*): Ó, a stóirín. I do luí ansin.
Tá tú imithe agus ba ghearr do sheal ar an saol
seo. Ach tá tú ar neamh anois, agus tá do leanbh
anseo, beo beathach.

ATHAIR (*ón doras, ní thiocfaidh sé isteach*): Ó an bhfuil, an
bhfuil sí ar neamh? Deirimse libh nach bhfuil. Ní
raibh na Cuirínigh maith go leor di. Ó, nach í a
tharraing náire orainn. Cé hé athair an linbh seo
aici? Cé hé? Cé hé? An Brianach. Is mise
d'athairse agus cuirim mo mhallacht dhubh ort.
A Eibhlín Rua, ní fhágfaidh tú an teach seo go dtí
go gcasfar ort maighdean rua de do shliocht féin.
(*Geiteann an mháthair.*) Siúlfaidh tú an teach seo
de ló is d'oíche go deo na ndeor, gan sos gan
suaimhneas, go dtí go nglanfaidh tú an náire a
tharraing tú ar do mhuintir. Maighdean rua, ded
shliocht féin.

BN UÍ CHUIRÍN (*ag casadh agus ag impí air*): A Phádraig,
a Phádraig, ná cuir mallacht uirthi. Cén tseafóid
é seo? Maighdean ded shliocht féin!

ATHAIR (*ag screadach*): Ní raibh sise sásta. Bhuel, bíodh
aici. Tháinig sí chun an tí seo gan mo cheadsa.
Féadfaidh sí fanacht anseo anois!

MÁTHAIR: D'iníon bheag féin atá anseo. Ó, a Dhia,
bíodh trua agat dúinn, bog a chroí. Ní féidir leat
í a choinneáil sa teach seo. Sa teach seo. Ní ar
Eibhlín Rua a bhí . . . ó, a Dhia, a Dhia . . . ná lig
dó an mhallacht sin a chur uirthi.

*(Íslítear na soilse beagáinín, agus feictear taibhse
Eibhlín Rua, éadach lonrach uirthi, ag éirí ar chúl na
máthar agus na cónra, agus ag siúl go mall amach as
an seomra tríd an doras sa lár ar cúl. Titeann an
mháthair ar a glúine ag caoineadh, cloistear ceol bog
brónach pianó, múchtar na soilse ar fad.)*

Radharc 2

An 21ú haois. An seomra céanna. Athraithe sa mhéid go bhfuil maisc bhána crochta anseo agus ansiúd agus dhá sheastán ar a bhfuil clócaí, agus bréagfhoilt mar a bheadh ag aisteoir. Ba chóir go gcuirfeadh sé seo cuma mhistéireach ar an seomra, beagán scanrúil, dorchadas sna cúinní, cruthanna éiginnte. Tá bord beag ann, dhá chathaoir ag an mbord, éadach ornáideach orthu, trí stól agus coinnle.
Tá Valeria Bn Uí Bhriain ina suí taobh leis an mbord ar thaobh na láimhe deise den doras ar cúl. Tá fear ar ceantálaí é ina sheasamh sa seomra ar an taobh eile den doras céanna. Labhraíonn BEAN UÍ BHRIAIN *go drámatúil, údarásach; tá sí tugtha do ghothaí galánta. Ní thugann siad faoi deara go bhfuil Amanda ina seasamh ar clé ag éisteacht leo.*

BN UÍ BHRIAIN: Ní bhfuair tú aon tairiscint le haghaidh an tí seo fós, a Mhic Uí Ógáin. Is mór an t-údar díomá é sin. Is mór, go deimhin! Caithfidh mé é a dhíol!

(Cuireann AMANDA *a lámh lena béal go himníoch nuair a chloiseann sí é sin.)*

Ó HÓGÁIN: Ní bhfuair. Bíonn sé deacair na seantithe móra seo a dhíol. Ní bhíonn spéis ag daoine iontu. Bíonn sé róchostasach bail a chur orthu, tá a fhios agat, (*Ag breathnú thart*) bíonn siad fuar . . . na fuinneoga móra . . . an ghaoth.

BN UÍ BHRIAIN: Dáiríre! Tá an-díomá orm. Céard a mholfá dom a dhéanamh?

(Ní fheiceann sí Uncail Tadhg ag an doras sa lár ar cúl ag gliúcaíocht agus ag éisteacht.)

Ó HÓGÁIN: Tuigim go bhfuil uncail leat ina chónaí sa teach. Ní bheidh aon deacracht faoi sin, an mbeidh?

BN UÍ BHRIAIN: Ní thuigim do cheist, a Mhic Uí Ógáin.

Ó HÓGÁIN: Bhuel, an bhfuil aon chearta aige siúd sa teach? Ní bhaineann sé liomsa, ar ndóigh. Ach ní féidir teach a dhíol . . . em . . . murar leat féin amháin é, tá a fhios agat.

BN UÍ BHRIAIN: Uncail Tadhg. *(Ag cur gothaí uirthi féin)* Ó, tuigim . . . sea . . . ó, beidh seisean ag bogadh amach . . . go teach banaltrais go luath . . . ní fadhb ar bith é. Tá a fhios agat an chaoi a mbíonn seandaoine, is fearr go mór iad a chur in áit a dtabharfar cúram ceart dóibh. Ar mhaithe leo féin, ar ndóigh.

Ó HÓGÁIN: Ar ndóigh.

(Baineann sé seo preab as Uncail Tadhg, ach ansin déanann sé mIongháire.)

Ó HÓGÁIN: Go breá. Más mar sin atá cúrsaí . . . go hiontach. Mholfainn é a dhíol le dream éigin a bheadh ag iarraidh scoil nó rud éigin mar sin a bhunú ann. Ach, ar ndóigh, tá na mná rialta agus na bráithre imithe, agus na sagairt. Ní bheadh spéis ag múinteoirí tuata teacht chuig áit atá chomh hiargúlta seo. Níl a fhios agam.

BN UÍ BHRIAIN: Hm. Agus céard faoi cheann de na dreamanna sin a bhíonn ag bunú reiligiún nua . . . tá tobar beannaithe thiar ansin . . . deir na daoine gur tharla rud éigin fadó . . . rud éigin faoi thaibhse.

Ó HÓGÁIN: Taibhse! Sin smaoineamh anois. Chuala mé faoi dhream le déanaí . . . mmm . . . ceann de na dreamanna seo a mbíonn spéis acu i dtaibhsí. Níl taibhse agaibh sa teach, an bhfuil? (*Gáire beag neirbhíseach, ag breathnú thart*)

BN UÍ BHRIAIN: Ní chuirfeadh sé iontas ar bith orm dá mbeadh. Bíonn m'iníon Amanda de shíor ag caint faoi thaibhsí. Cuirfidh mé ceist uirthi. (*Éiríonn sí agus siúlann sí thart go ciúin.*) Is minic a mhothaigh mé féin spioraid (*Ag ardú a lámh go ciúin*) sa seomra seo.

(*Cloistear cnagadh aisteach ó áit éigin eile sa teach agus éagaoin fhada bhriste.*

Breathnaíonn Ó HÓGÁIN *mórthimpeall go míchompordach.*

Soilse ag ísliú)

BN UÍ BHRIAIN (*ag caint go mall, ciúin*): Ní bheadh a fhios agat, a Mhic Uí Ógáin, mothaím rudaí. Sea, mothaím rudaí.

(*Múchtar na soilse*)

Radharc 3

Tarraingítear cuirtín trasna ar Radharc 2. Seomra i dteach mhuintir Uí Dhálaigh. Radharc simplí le cúpla cathaoir, trí stól ísle agus bord. Bealach isteach ar deis agus ar clé. Potaí bláthanna anseo is ansiúd. Tá Siobhán Bn Uí Dhálaigh agus Valeria Bn Uí Bhriain ina suí ag an mbord, ag ól tae.

VALERIA (*le gothaí móra*):   Níl a fhios agam céard a dhéanfaidh mé. Ó, ní chreidfeá na deacrachtaí a bhíonn agam sa teach sin!

SIOBHÁN (*osna bhéasach, tá sé cloiste aici go minic cheana*): Nach é an trua é.

VALERIA (*ag léim ina seasamh go drámatúil*): Tá sé chomh mór sin, agus chomh costasach. Agus – Uncail Tadhg! Dochreidte! Níl mé in ann é a láimhseáil. *(Ritheann smaoineamh léi, mar dhea.)* Dá bhféadfainn é a chur i dteach banaltrais. Nach é sin an rud is fearr dó? Cúram ceart . . . banaltraí oilte, tá a fhios agat.

SIOBHÁN (*uafás uirthi*): Uncail Tadhg a chur i dteach banaltrais! Ach níl sé tinn!

VALERIA: Mura bhfuil, tá mise. Ní thuigeann tú! Ní tusa a bhíonn ag cur suas leis!

SIOBHÁN (*de ghuth ciúin ach láidir*):   Tadhg. Ní fhéadfadh Uncail Tadhg an seanteach a fhágáil. Tá Clann Uí Bhriain ina gcónaí ann le dhá chéad bliain. Beidh Brianach sa teach sa ghleann go brách, sin a dúirt sean-Donncha.

VALERIA (*le drochmheas, ag caint os íseal*): Sean-Donncha go deimhin! Seans go mbeidh, agus seans nach mbeidh. *(Go milis)* Ar aon nós, beidh Amanda ag teacht abhaile le haghaidh na laethanta saoire an tseachtain seo chugainn. Ar mhaith libh teacht agus fanacht linn ar feadh tamaill? Tú féin agus na páistí? Bíonn sé go hálainn ag an am seo den bhliain.

SIOBHÁN: Bheadh sé sin an-deas ar fad. Iontach!

(*Tosaíonn* VALERIA *á réiteach féin le himeacht agus éiríonn* SIOBHÁN. *Beireann siad barróg ar a chéile agus siúlann siad chuig an doras ar deis agus amach. Íslítear na soilse.*

Ardaítear na soilse.

Tá STIOFÁN *agus* SÍLE *ina suí ag an mbord, ag ól tae agus ag caint. Is cineál de mhagadh é an comhrá seo, spraoi eatarthu.*)

SÍLE: An bhfuil tú ag déanamh rud ar bith don deireadh seachtaine?

STIOFÁN (*ag léamh leabhair*): Um.

SÍLE: Gabh mo leithscéal, cheap mé gur duine a bhí ann. Feicim anois nach raibh an ceart agam. Cineál de ghoraille, b'fhéidir, (*Breathnaíonn sí níos cúramaí air trasna an bhoird*) nó *Abominable Snowman.*

(*Gan breathnú suas caitheann* STIOFÁN *naipcín boird trasna agus beireann* SÍLE *greim air agus í ag gáire.*)

SÍLE: Á! Tá sé beo. Iontach. Scéal do Raidió na Gaeltachta, 'Abominable Snowman beo i mBaile an tSléibhe. Míbhéasach, ach beo.'

(Ardaíonn STIOFÁN *a cheann.)*

STIOFÁN: An bhfuil fadhb agat, a Shíle? Tá tú óg. Tiocfaidh ciall chugat agus tú níos sine. Ná bí buartha faoi.

(Filleann sé ar a leabhar.

Seasann SÍLE *agus siúlann sí timpeall go dtí an áit a bhfuil Stiofán, ag tabhairt an naipcín léi, agus ceanglaíonn sí an naipcín timpeall ar a shúile.)*

STIOFÁN *(ligeann sé osna)*: Ceart go leor. Ceart go leor. *(Dúnann sé an leabhar.)* Céard a bhí tú ag rá?

SÍLE: Ó, go maith! Tuilleadh nuachta do Raidió na Gaeltachta! Níl an *Abominable Snowman* bodhar!

STIOFÁN: Bíonn ár gcuid fadhbanna féin againn uile.

SÍLE: Nach bhfuil a fhios agam.

(Siúlann SIOBHÁN BN UÍ DHÁLAIGH *isteach.)*

SIOBHÁN: Bhuel! *(Miongháire ar a béal agus í ag breathnú i dtreo na beirte)* Éistigí liom, tá scéala agam daoibh.

(Breathnaíonn AN BHEIRT *uirthi.)*

SIOBHÁN: Bhí bhur n-aintín Valeria anseo, agus beidh Amanda ag teacht abhaile le haghaidh na laethanta saoire i gceann seachtaine. Bheadh an-áthas ar bhur n-aintín Valeria dá bhféadfadh a triúr agaibhse agus mé féin teacht agus seachtain a chaitheamh leo sa teach mór sa Ghleann Dorcha. Nach deas é sin?

(Ligeann an bheirt acu cneadanna agus osnaí. Cuireann STIOFÁN *a chloigeann síos ar an mbord, éadóchas air, léimeann* SÍLE *ina seasamh agus cuireann a lámha lena haghaidh le huafás, go leathmhagúil.)*

SÍLE: Ná déan! Ná déan! A Mham, ní féidir é sin a dhéanamh. Uch! Na mílte ó rud ar bith, agus an sníomhaí-snámhaí sin, Amanda, ar feadh seachtaine! Ní fhéadfainn é a sheasamh! Déanfaidh mé rud ar bith, beidh mé go maith, fiú, ach ná cuir go Gleann Dorcha mé. Ná déan é sin.

(Ligeann STIOFÁN *cnead ard, gan a chloigeann a ardú.*

Bíonn Siobhán ag breathnú orthu, í leath ag gáire. Tagann MÁIRE *isteach.)*

MÁIRE *(ag canadh go háthasach)*: Gleann Dorcha, ag bun an tsléibhe, bíonn cístí is milseáin go hálainn le chéile.

(Scaoileann STIOFÁN *cnead ard eile as gan a chloigeann a ardú.)*

SIOBHÁN: Maith an cailín, a Mháire. *(Ag breathnú ar an mbeirt eile agus í leath ag magadh)*. Bhuel, nach sibhse atá buíoch, faigheann sibh cuireadh deas agus céard a dhéanann sibh? Gearáin agus casaoidí. *(Siúlann sí ar ais i dtreo an dorais.)* Beidh am iontach againn.

(Amach léi, MÁIRE *ina diaidh, í ag breathnú siar ar an mbeirt agus í ag cur strainceanna uirthi féin. Suíonn* SÍLE *síos, cuireann a lámha faoina smig agus breathnaíonn ar Stiofán, a bhfuil a chloigeann fós ar an mbord.)*

SÍLE: Céard is féidir linn a dhéanamh?

STIOFÁN *(cnead)*: Dada.

SÍLE *(go lag, ag ligean osna)*: Dada.

(Sos)

SÍLE: D'éirigh linn anuraidh.

STIOFÁN (*ardaíonn a chloigeann*): D'éirigh, ach cén chaoi? Bhí ormsa seachtain a chaitheamh sa leaba. Tinn, mar dhea. Níl rún agam é sin a dhéanamh arís.

(*Siúlann* ANTÓN *isteach*.)

ANTÓN: Cén chaoi a bhfuil sibh, a chairde? (*Geáitsí ar siúl aige*) Ó! Céard tá ar siúl anseo? Céard tá cearr libhse? An bhfuair duine éigin bás?

STIOFÁN: Níos measa. Tá muid ag dul go Gleann Dorcha . . . ar feadh seachtaine!

ANTÓN (*cuma an uafáis air, mar dhea*): Iontach, beidh an-spraoi agaibh. (*Gáire*)

SÍLE: Bhí tusa ann anuraidh. Cén chaoi a raibh sé, i ndáiríre? Dada le déanamh, leadránach?

ANTÓN: Bhuel, bíonn Aintín Valeria ag léim thart agus ag oráidíocht ar fud an tí agus cheapfá gur ag glacadh páirte i ndráma a bhíonn sí, nó go bhfuil sí as a meabhair.

(*Tosaíonn sé ag gluaiseacht thart, ag déanamh aithrise ar Aintín Valeria go magúil, an bheirt eile ag gáire faoi.*)
Ó! (*Ag cur a láimhe ar a chlár éadain*) Céard a dhéanfaidh mé? Seisear ag teacht le haghaidh suipéir . . . agus gan deoir fíona sa teach, ó . . . ó . . . gheobhaidh mé bás . . . ó . . . ó.

(*Ina ghuth féin*)
Ní maith léi leictreachas. Siúlann sí thart le coinneal. Agus Amanda! Léann sise na réaltaí agus caitheann an chuid eile dá cuid ama ag leanúint gach treoir a thugann siad . . . agus ag lorg taibhsí! Bíonn sí scanraithe roimh thaibhsí

36

ach téann sí thart á lorg. Níl a fhios agam céard a tharlódh dá bhfeicfeadh sí ceann.

Hm. Aisteach go leor, dúirt Uncail Tadhg liom go bhfuil seanscéal ann faoi chailín rua a fuair bás sa teach i bhfad ó shin agus go mbíonn a taibhse ag siúl thart san oíche. Ach ní fhaca sé í, bhuel, níl sé cinnte!

SÍLE: Níl sé cinnte?

ANTÓN: Ní bhíonn Uncail Tadhg cinnte faoi rud ar bith.

STIOFÁN (*go drochmheasúil*): Taibhsí? Raiméis! Cé a chreidfeadh a leithéid de sheafóid?

ANTÓN: Hé, tá smaoineamh agam. Tuige nach ligeann sibh oraibh go bhfaca sibh taibhse i seomra éigin? Bheadh an-spraoi agaibh.

(Breathnaíonn STIOFÁN *air agus an-suim aige sa mholadh.)*

SÍLE (*í ag caint go mall dáiríre*): Níos fearr fós, nach bhféadfaimis a shocrú go dtiocfadh taibhse?

STIOFÁN: Céard?

SÍLE: Duine againn gléasta mar thaibhse agus gach óóóóó as i lár na hoíche!

(Léimeann STIOFÁN *ina sheasamh agus é corraithe)*

STIOFÁN: Iontach!

ANTÓN (*corraithe*): Is trua liom nach mbeidh mé libh, beidh craic iontach agaibh.

SÍLE: Cén chaoi a ndéanfaidh muid é?

ANTÓN: Tuige nach ligeann sibh oraibh gur taibhse an chailín rua seo duine agaibh? Scanródh sé sin an t-anam as Amanda!

STIOFÁN: Scanródh! Sin smaoineamh iontach. Máire! Tá gruaig rua ar Mháire.

ANTÓN: Bheadh sise ró-óg. Bhí an cailín seo níos sine ná sin.

SÍLE: Dá mbeadh gruaig rua ormsa, d'fhéadfainnse é a dhéanamh.

ANTÓN: Folt bréige, sin é! Faigh folt bréige in áit éigin.

STIOFÁN: Sin é, iontach go deo! A Shíle, meas tú an bhféadfaimis teacht ar bhréagfholt rua?

SÍLE: Cinnte. Tá seachtain againn. Gheobhaidh mise ceann ón gcumann drámaíochta. Ach ná habair focal le duine ar bith. Tá seo faoi rún.

ANTÓN AGUS STIOFÁN: Faoi rún.

(Íslítear na soilse)

Radharc 4

Tarraingítear an cuirtín agus tá an suíomh le haghaidh Radharc 4 ullamh ar chúl. Ardaítear soilse ach ní ró-ard, solas buí. An seomra céanna sa teach mór sa Ghleann Dorcha atá i gceist, an ceann ina raibh Valeria Bn Uí Bhriain ag caint leis an gceantálaí, Mac Uí Ógáin. Tá tae, scónaí agus brioscaí ar an mbord. Tá stól beag gar don tosach ar clé agus dhá stól bheaga ar deis. Dhá choinneal nach bhfuil lasta ar an mbord.

VALERIA ag siúl thart go drámatúil, ag rith chun na fuinneoige agus ar ais srl. agus Amanda ina suí go ciúin ag an mbord ar a bhfuil an tae, ag léamh irise gan aird dá laghad aici ar a máthair.

VALERIA: Beidh siad anseo gan mhoill. An bhfuil chuile shórt ullamh? An bhfuil? An bhfuil? Amanda! Amandaááá . . . tae, an bhfuil an tae réidh ó, tá . . . níl . . . níl a fhios agam . . . óóóóó. *(Breathnaíonn sí i dtreo an bhoird)* Ó, tá. Ar an mbord. Ar ndóigh. Chuile shórt réidh. Iontach! Céard tá á léamh agat, a Amanda?

AMANDA: Na réaltaí, a Mhama.

VALERIA: Go maith, go maith, na réaltaí. Tábhachtach. Mothaímse na réaltaí. Ó, mothaím. Agus mothaíonn na réaltaí mise. Bíonn comhthuiscint eadrainn. Tá siad ag teacht! Seo iad! *(Cnag ar an doras.*

Ritheann VALERIA *amach ar deis, í ag screadach go corraithe.)*

VALERIA: Tá mé ag teacht, tá mé ag teacht. Fáilte romhaibh, a stóiríní, tagaigí isteach. An raibh turas deas agaibh? (*Tagann sí ar ais, agus Stiofán, Síle agus Máire léi, iad ag iompar málaí.*) Bhí, ar ndóigh. Bíonn sé go deas ar an traein. Compordach. Leithris ar fáil. Teastaíonn . . . óóó . . . teastaíonn siad go mór uaireanta. Is cuimhin liom uair amháin nuair a bhí mé ag taisteal ar an mbus óóóó ní féidir liom . . . pianmhar! Amanda, seo iad do chuid col ceathracha. Cén áit a bhfuil bhur máthair?

SÍLE: Beidh sí ag teacht ar ball. Bhí rudaí le déanamh aici.

(*Éiríonn* AMANDA *óna cathaoir agus óna hiris agus drogall uirthi.*)

AMANDA: Heileo.

AN TRIÚR: Heileo.

(*Go tobann nochtar cloigeann Thaidhg timpeall ar thaobh an dorais sa lár agus ligeann sé béic.*)

TADHG: Haaaaaaaaa!

(*Léimeann gach duine siar de phreab.*)

TADHG: Ha ha! Cé tá anseo? Ní bhfuair mise cuireadh go dtí an chóisir. Ach tháinig mé, hé hé hé! Ní maith léi sin mé . . . ceapann sí gur as mo mheabhair atá mé. Mise! As mo mheabhair! Ach ise! Hé hé hé!

VALERIA (*ag gluaiseacht thart go maorga*): Ó . . . Uncail Tadhg bocht . . . ná bac leis . . . tá sé . . . bhuel . . . (*Déanann sí comhartha lena méar go bhfuil sé as a*

40

mheabhair. Déanann UNCAIL TADHG *comhartha den chineál céanna ina treo siúd ag an am céanna.*)

VALERIA: Anois, a Thaidhg, tabhair cúnamh dom leis na málaí, maith an fear.

SÍLE: Tabharfaidh mise cúnamh daoibh.

VALERIA: Anois, a pháistí, tá an bia réidh. Bíodh rud éigin le hithe agaibh. Bígí ag caint. Spraoi. Spraoi. Sin é an saol – óhó!

(Imíonn VALERIA, UNCAIL TADHG *agus* SÍLE *amach ar clé leis na málaí.*

Bogann STIOFÁN *agus* MÁIRE *go dtí an bord agus itheann siad ceapaire nó dhó, iad ag breathnú go hamhrasach i dtreo Amanda ag an am céanna.*

Téann AMANDA *ar ais go dtí a hiris atá ar an mbord. Ciúnas)*

MÁIRE: Tá an teach seo dorcha. (*Ag breathnú go neirbhíseach ar na maisc agus ar na bréagfhoilt*) Scanraíonn na rudaí sin mé, tá siad cosúil le taibhsí. (*Cuireann* AMANDA *spéis sa chaint agus ardaíonn sí a cloigeann ón iris.*)

AMANDA (*go sollúnta, dáiríre*): De réir na réaltaí, (*A cloigeann á chlaonadh aici go mall*) agus is féidir iad a chreidiúint, tá rud éigin an-tábhachtach le tarlú domsa an tseachtain seo. Rud éigin fíorthábhachtach.

(*Breathnaíonn* AMANDA *ar an mbeirt.*

Íslítear na soilse roinnt.)

MÁIRE (*go neirbhíseach*): Tá sé ag éirí dorcha, céard faoi na soilse a lasadh?

AMANDA (*ag breathnú uirthi*): Ní lasann muide na soilse. Bíonn coinnle againn. Feileann na coinnle níos

41

fearr do na mothúcháin a bhíonn againn. Do na taibhsí. Is maith le taibhsí coinnle sa dorchadas.

(Éiríonn AMANDA *agus lasann sí an dá choinneal, an seomra dorcha go leor ach feictear na maisc atá crochta anseo agus ansiúd ag glioscarnach go scanrúil.*

Brúnn MÁIRE *í féin isteach in aice le Stiofán)*

AMANDA *(ag caint go mall sollúnta)*: Sílim go dtiocfaidh sí anocht.

STIOFÁN: Cé faoi a bhfuil tú ag caint?

AMANDA: An taibhse.

(Baintear geit as MÁIRE.*)*

MÁIRE: A Thiarna!

STIOFÁN: Céard ba chóir dúinn a dhéanamh?

(Bogann AMANDA *go ciúin go dtí an taobh clé den ardán, coinneal ina lámh.)*

AMANDA: Suífidh mise anseo.

(Suíonn AMANDA *ar an stól íseal agus cuireann an choinneal síos os a comhair.*

Labhraíonn sí go neirbhíseach agus í ag díriú a méire trasna an ardáin.)

AMANDA: Tá mé ag ceapadh gurbh fhearr daoibhse suí ar na stólta sin.

(Téann STIOFÁN *agus* MÁIRE *leis an gcoinneal eile go dtí an dá stól ar deis agus suíonn siad síos. Cuireann* STIOFÁN *an choinneal síos ar an urlár.)*

STIOFÁN: Cérbh í an cailín seo?

AMANDA *(de chogar)*: Deir Uncail Tadhg gurb é Eibhlín Rua a hainm . . . agus . . . go mbíonn uirthi siúl . . . ag lorg rud éigin . . . ní bheidh suaimhneas aici . . . go dtí go gcasfaidh sí le cailín rua.

Uaireanta . . . bímse ag ceapadh gur mise . . .

gur mise Eibhlín Rua. Ach níl gruaig rua ormsa.
(*Cuireann* MÁIRE *a lámha ar a cloigeann go neirbhíseach.*)

MÁIRE: Tá . . . agamsa. Ó! Ní maith liom é seo!
(*Cloistear fuaim íseal, atá ar nós gaoithe, ag tosú ag séideadh trí chraobhacha na gcrann sa gheimhreadh, í ag méadú agus ag ísliú go caointeach íseal i bhfad uathu. Bíonn an fhuaim seo le cloisteáil os íseal le linn na heachtra seo thíos ar fad.*)

MÁIRE: Tá mé fuar.
(*Cloistear coiscéimeanna boga ag scríobadh an urláir.*)

AMANDA (*corraithe agus imníoch ag an am céanna*): Tá sí ag teacht.
(*Feictear cruth cailín ag teacht ón taobh deas, éadach fada bán éadrom uirthi, gruaig fhada rua uirthi agus coinneal ina lámh aici. Siúlann sí go ciúin, mall, a haghaidh clúdaithe ag an ngruaig fhada i gcaoi is nach bhféadfá í a aithint.*
Tarraingíonn AMANDA *anáil go tobann agus cuireann a lámh lena béal le cosc a chur ar an scread a bhí sí ar tí a ligean.*
Beireann MÁIRE *greim láimhe ar Stiofán agus stánann ar an taibhse. Tá miongháire ar aghaidh Stiofáin agus é ag breathnú go magúil ar Amanda.*
Siúlann an taibhse trasna an tseomra agus amach ar an taobh clé.)

AMANDA (*corraithe*): Ó! Is í . . . is í atá ann. Céard a dhéanfas muid?
(*Éiríonn* AMANDA *go mall.*)

AMANDA: Caithfidh mé labhairt léi! Ach tá faitíos orm. Taibhse!

(Siúlann AMANDA *go dtí an taobh clé go mall éiginnte, í ag breathnú siar.*

Léimeann STIOFÁN *suas, leanann í agus téann a fhad léi sula sroicheann sise an doras.)*

STIOFÁN *(de chogar)*: Amanda, b'fhéidir gurbh fhearr gan cur isteach uirthi. Níl a fhios agat cén dochar a d'fhéadfá a dhéanamh. Ní thuigimid na rudaí seo. *(Casann* AMANDA *ar ais.)*

AMANDA *(de chogar)*: Tá an ceart agat.

(Suíonn AMANDA *síos ar an stól arís.*

Tagann SÍLE *isteach ón taobh clé, gnáthéadaí uirthi)*

SÍLE: Céard tá ar siúl anseo? Tá sibh an-chiúin. Tá cuma aisteach oraibh. *(Le gáire)* Ná habair liom go bhfaca sibh taibhse.

(Téann SÍLE *sall go dtí an bord, tógann scóna agus ansin téann go dtí an áit ar deis ina bhfuil* STIOFÁN *agus* MÁIRE *ina suí. Téann sí ar a gogaide taobh le Stiofán.)*

AMANDA *(de ghlór lán d'iontas)*: Chonaic muid í. Bhí sí anseo. Chuala muid an fhuaim sin. Éist! An gcloiseann tú í?

(Cloistear coiscéimeanna ag scríobadh go mall ar an urlár.)

AMANDA: An bhfaca tusa í?

SÍLE: Ní fhaca mise dada, ach cloisim an fhuaim sin anois ceart go leor.

(Éisteann AMANDA *go géar leis na coiscéimeanna.)*

STIOFÁN *(de chogar le Síle)*: Bhí tú go hiontach, díreach cosúil le taibhse!

SÍLE *(iontas mór uirthi)*: Céard tá i gceist agat? Ní dhearna mise dada fós!

44

(*Breathnaíonn* STIOFÁN *ar Shíle agus imní air. Ansin breathnaíonn sé ar Amanda.*)

AMANDA: Tá an torann ag teacht níos cóngaraí arís.

SÍLE: Tá.

(*Breathnaíonn siad uile ar a chéile agus ansin ar deis. Cloistear, ón taobh deas, coiscéimeanna ag scríobadh go mall, éadrom, ar an urlár agus ag teacht níos cóngaraí. Fuaim na gaoithe fós ann, ach íseal, sa chúlra. Feictear solas ag teacht ón taobh deas. Lastar na maisc faoin solas seo.*

Siúlann cailín le gruaig fhada rua isteach, feistithe in éadach fada bán lonrach, coinneal ina lámh, cloistear scríobadh a coiscéimeanna.

Caitheann an choinneal solas ar leith ar ghruaig Mháire.

Seasann MÁIRE *amhail is dá mba i mbrionglóid a bhí sí.*

Stadann an cailín rua nuair a fheiceann sí gruaig Mháire.)

AN CAILÍN RUA (*le miongháire áthasach ar a beola agus de ghuth éadrom*): Is tusa an mhaighdean rua de mo shliocht. Tá a fhios agam. Tá a fhios agam. Faoi dheireadh. Beidh suaimhneas agam anois, go brách.

(*Cuireann an* CAILÍN RUA *lámh ar ghruaig Mháire go héadrom, mar a bheadh beannacht á tabhairt aici di.*

Siúlann an CAILÍN RUA *ar aghaidh agus amach an doras sa lár ar cúl. Dúntar an doras (nó an cuirtín)nuair a théann sí isteach. Cloistear pianó á sheinm go mall sona.*

Tá an ceathrar ina staiceanna ag breathnú ina diaidh.)

SÍLE (*de chogar*): A Mháire, breathnaigh isteach féachaint céard atá ar siúl istigh ansin. Tá sí mór leatsa, is cosúil.

(*Éiríonn* MÁIRE *agus siúlann sí go mall ciúin go dtí an doras/cuirtín agus breathnaíonn sí isteach. Fanann sí ar feadh nóiméid. Stopann an ceol. Ciúnas. Casann* MÁIRE *i dtreo na coda eile.*)

SÍLE (*corraithe*): Bhuel, céard a tharla?

MÁIRE: Bhí sí ag seinm an phianó. Bhreathnaigh sí orm agus rinne sí miongháire álainn. 'B'fhéidir go bhfeicfinn arís tú,' a dúirt sí, agus, ansin, d'éirigh sí agus d'imigh sí as radharc tríd an tsíleáil, mar a bheadh ceo geal ag éirí ón loch ar maidin.

AMANDA: Bhí sé fíor. Bhí taibhse ann. Ach tá sí imithe. B'fhéidir go dtiocfadh sí ar ais. Ach má dhíolann Mama an teach!

SÍLE: An teach a dhíol!

AMANDA: Bhí Mama ag iarraidh an teach a dhíol, ach seans nach mbeidh sí in ann. Seans go stopfaidh Uncail Tadhg í.

MÁIRE: Tá sé sin aisteach. Cén fáth a ndíolfadh sí an teach álainn seo? Ní thuigim. Ach nach iontach an rud a tharla!

(*Cloistear guthanna ag teacht ó thaobh na láimhe deise.*)

AMANDA (*de chogar*): Bíodh an rud ar fad, agus Eibhlín Rua, ina rún eadrainn. Ní thuigfidís an scéal.

(*Claonann an triúr eile a gcloigne, ag aontú léi. Tagann* VALERIA *agus* SIOBHÁN *isteach agus iad ag caint.*)

VALERIA (*go drámatúil, mar is gnách, agus ag geáitsíocht*):

Istigh anseo. D'fhág mé anseo iad le chéile, na stóiríní. Á! Féach! Tá siad anseo. Tá, tá, tá! Féachaigí cé tá anseo agam!

SIOBHÁN: A Thiarcais! Tá sé dorcha anseo.

(Téann SIOBHÁN *go dtí an lasc ar an mballa agus lasann na soilse leictreachais, rud a athraíonn an t-atmaisféar ar an bpointe.*

Éiríonn na gasúir, téann STIOFÁN *agus* MÁIRE *go dtí an bord agus itheann greim. Bíonn cuma chodlatach ar Mháire agus í ag cuimilt a cuid súl. Tógann* AMANDA *a hiris ón bhord agus filleann ar a stól.)*

SIOBHÁN *(go bríomhar)*: Tháinig sibh slán sábhailte. Go hiontach. Bhí sibh deas le hAmanda, tá súil agam. Feicim go bhfuil sibh ag ithe. Go breá. Ar tharla aon rud spéisiúil?

SÍLE *(ag méanfach)*: Dada. Leadránach.

STIOFÁN: Dada.

MÁIRE: Ó, a Mhama, is maith liom an áit seo. Tá sé chomh spéisiúil sin. Bhí . . .

(Casann an triúr eile uirthi go tobann.)

AN TRIÚR: Éist!

SIOBHÁN: Ná bígí ag cur isteach ar Mháire. Maith an cailín tú, a Mháire. Breathnaíonn tusa ar an taobh geal den scéal i gcónaí.

(Faigheann SIOBHÁN *agus* VALERIA *cupán tae an duine ón bhord agus bogann siad chun tosaigh ar an taobh deas agus seasann ag caint go ciúin le chéile, a ndroim casta leis an seomra, aghaidheanna i dtreo an lucht éisteachta. Fágtar solas orthu sin ach íslítear an solas sa chuid eile den seomra go dtí nach bhfuil ann ach an solas buí ó na coinnle.*

Cloistear ceol álainn bog ón phianó, tagann na páistí le chéile i lár an ardáin, lámha ar ghuaillí a chéile agus iad ag breathnú go ciúin i dtreo an dorais sa lár ar cúl agus iad ag éisteacht leis an gceol.

Casann SIOBHÁN *agus* VALERIA *agus breathnaíonn siad ar na gasúir. Ní thuigeann siad céard atá ar siúl mar ní chloiseann siad an ceol.*

Croitheann SIOBHÁN *agus* VALERIA *a gcloigne.*

Feictear an solas ag lonrú go mall ar na maisc, ceann i ndiaidh a chéile. Nuair a lonraíonn an solas ar an masc deireanach feictear gur aghaidh Thaidhg atá ann. Déanann sé miongháire agus caochann sé súil.

Ceol agus soilse ag ísliú de réir a chéile go dtí go múchtar ar fad iad)

CRÍOCH

Bózó

Foireann

LAOISE

SÍLE

PÓL

BÓZÓ   *Beag agus éadrom dá aois, ach is*
        tíoránach beag é.

SÚSAÍ   *Cara le Bózó.*

FÚFÚ

DOCHTÚIR

BANALTRA

GARDA

SEANBHEAN CHANTALACH LE FRÁMA ZIMMER

SEANFHEAR

FEAR NÓ BEAN

Radharc 1

Suíomh

Coill ina bhfuil sceacha, crann nó carraig.

Nuair a tharraingítear an cuirtín tagann LAOISE, SÍLE *agus*
PÓL *ar an stáitse agus iad ag caitheamh liathróide chuig a*
chéile agus ag gáire agus ag caint. Iad ag gluaiseacht go
bríomhar beo. Tá mála plaisteach ina bhfuil úlla agus
deochanna ag Laoise. Leagann LAOISE *a mála ar an*
talamh.

LAOISE (*ag coinneáil na liathróide ina lámha*): An
    stopfaimid anseo tamall?

PÓL: Ceart go leor.

SÍLE: Suímis síos!

    (*Suíonn siad i leathchiorcal ar an taobh deas den*
    ardán ach le crann nó sceach nó carraig idir iad agus
    an taobh clé. SÍLE *ar cúl,* LAOISE *agus a droim i*
    gcoinne an chrainn (nó eile), PÓL *ag breathnú i dtreo*
    thaobh na láimhe clé den ardán. Tosaíonn siad ag
    ithe úll agus ag ól deochanna as na buidéil
    phlaisteacha agus cuireann siad na buidéil agus na
    páipéir ar an talamh.

    Feictear beirt ag teacht isteach ón taobh clé, BÓZÓ *agus*
    SÚSAÍ. *Ní fheiceann* BÓZÓ *ná* SÚSAÍ *an triúr. Siúlann*
    siad go slítheánta, cúramach, ag breathnú anseo agus
    ansiúd le cinntiú nach bhfuil aon duine ag faire
    orthu. Tá siad feistithe mar a bheadh dailtíní sráide,
    agus geáitsí bagarthacha á ndéanamh acu.

A luaithe a fheiceann PÓL *na daoine seo, bogann sé isteach níos faide agus déanann sé comhartha leis an mbeirt eile a bheith ciúin. Bíonn siad ag faire ar an ngrúpa eile agus ag éisteacht.*)

PÓL (*de chogar*): Tá cuma aisteach ar na daoine seo. B'fhearr liom nach bhfeicfidís muid.

(Cromann siad síos ar chúl na sceiche agus iad ag gliúcaíocht trí na craobhacha.)

SÚSAÍ (*ag breathnú siar go mífhoighneach agus ag béicíl*): Brostaigh, Fúfú! Gabh i leith anseo.

(Le linn na cainte seo thíos ar fad, bíonn SÚSAÍ *ag aontú le Bózó agus ag freagairt d'Fhúfú mar a dhéanann* BÓZÓ.)

BÓZÓ: Níl aon mhaith ann. Theastódh cúpla ceapaire eile uaidh le picnic a dhéanamh. Níl a fhios agam an féidir linn brath air. Is amadán é, ní thuigeann sé dada.

(FÚFÚ *ag rith isteach agus ag titim.*)

FÚFÚ (*ag análú go trom, saothar air*): Tá mé anseo. Tá siad agam, tá siad agam, tá mé cinnte gur cheap sibh . . . go ndéanfainn dearmad.

BÓZÓ: Go ndéanfá céard?

FÚFÚ: Mmmmm . . . Ní cuimhin liom. Há há há!

BÓZÓ: Ó! Ná bac. Tá siad agat. Céard tá agat?

FÚFÚ: Na *balaclavas*, na p . . . p . . . púicíní.

(Tarraingíonn FÚFÚ *na púicíní amach as a phóca go mórtasach agus go caithréimeach. Baineann sé seo preab uafásach as an triúr atá ag faire. Breathnaíonn siad ar a chéile agus cromann níos ísle fós.*)

BÓZÓ (*iontas agus mífhoighne air*): Agus cé a dúirt leat iad sin a thabhairt leat, a leibide?

FÚFÚ (*fós caithréimeach*): Duine ar bith. Ach tá muid chun jab a dhéanamh, nach bhfuil. Beidh na . . . tá a fhios agat na rudaí seo . . . ag teastáil.

BÓZÓ (*ag breathnú thart go neirbhíseach*): Éist, a phleidhce! Éist. Ísligh do ghlór. Cuir ar ais i do phóca iad.

(*Déanann* FÚFÚ *é seo agus an-díomá air.*)

FÚFÚ: Bhuel, ní thuigim cén chaoi is féidir linn, mmm, céard a dúirt tú (*Tógann na púicíní as a phóca.*) gan na . . .

BÓZÓ: Cuir ar ais iad. (*Cuireann Fúfú ar ais iad.*) Déarfaidh mé leat arís é, mar sin. Éist liom an t-am seo. Níl a fhios agam an fiú labhairt leat. Céard tá muid ag iarraidh a fháil?

FÚFÚ: Mmm, an stuif sin . . . céard a thugtar air . . . raithneach.

BÓZÓ: Go díreach. Raithneach, agus rud ar bith eile dá leithéid. Agus céard a shocraigh muid? Go rachaimis go dtí . . . ?

FÚFÚ (*ag iarraidh cuimhneamh*): Tá sé agam. Tá sé agam . . . ná habair liom . . . Oifig an Phoist!

BÓZÓ (*cnead*): Céard is fiú bheith ag caint leatsa! Oifig an dochtúra, a leibide.

(*Breathnaíonn* SÚSAÍ *agus é féin ar a chéile agus croitheann siad a gcloigne go héadóchasach.*)

BÓZÓ: Agus shocraigh muid go mbeadh féasóg bhréige ormsa agus, folt bréige ar Shúsaí. Maidir leatsa . . .

FÚFÚ (*ag cuimhneamh arís*): Fan anois, fan anois, ná habair liom . . . spéaclaí dubha bréige!

BÓZÓ (*cnead, geáitsí mífhoighneacha*): Ní hea, fíorspéaclaí dubha, agus fíorbhata bán. Beidh tú dall, an dtuigeann tú?

FÚFÚ: Dall. Sea . . . ach má bhím dall, ní bheidh mé in ann rud ar bith a fheiceáil.

(Cuireann BÓZÓ *a lámha ar a chloigeann le teann éadóchais.)*

BÓZÓ: Ceart go leor, ceart go leor, fág é. Seo é an plean. Rachaidh mise chuig oifig an dochtúra, ansin Súsaí agus ansin tusa. Fanfaidh tusa ag an doras le bheith ag fairc. Ar eagla go dtiocfadh Gardaí.

FÚFÚ: Ach beidh mé dall!

BÓZÓ: Dia á réiteach! Ní bheidh, ní bheidh tú dall, ach ceapfaidh daoine go bhfuil. An dtuigeann tú?

FÚFÚ: Óóó. An-chliste go deo. Ceapfaidh siad go bhfuil mé dall, há há há!

BÓZÓ (*le cnead, ach an-dáiríre*): Anois, tá a fhios againn go siúlann Garda síos an bealach sin sa tráthnóna. A luaithe a bheidh sé imithe, déarfaidh tusa an focal rúnda.

FÚFÚ (*ag tochas a chinn*): Ummm. Sea, an focal rúnda.

BÓZÓ: Agus is é an focal rúnda ná . . . ? Ná . . . ? Ní chreidim é, tá dearmad déanta aige ar an bhfocal rúnda! Raithneach, a leibide gan mhaith, RAITHNEACH!

FÚFÚ: Sin é! Raithneach. (*Déanann sé 'raithneach' mar a bheadh caora ag méileach*)

BÓZÓ (*faoi éadóchas*): Ceart go leor, ceart go leor, nuair a chloiseann muid tusa ag méileach tosóidh mé féin agus Súsaí. Rachaidh mise isteach chuig an dochtúir, ceanglóidh mé é agus gheobhaidh mé na drugaí, léimfidh Súsaí ar an mbanaltra agus ceanglóidh sí í agus tógfaidh tusa an t-airgead ón oifig fáilte.

(*Cuireann sé seo uafás ar an triúr atá ag cúléisteacht leo. Breathnaíonn siad ar a chéile arís.*)

FÚFÚ: Ón oifig fáilte.

BÓZÓ: An bhfuil sé sin soiléir?

FÚFÚ: Cinnte, cinnte. Rachaidh mé chuig an mbanaltra agus iarrfaidh mé uirthi . . .

BÓZÓ (*ag siúl síos suas agus cuma an-dáiríre air*): Tá sé seo an-tábhachtach, an dtuigeann tú?

(*Claonann* SÚSAÍ *a cloigeann.*)

Tá sé i gceist agamsa a bheith i mo cheannaire, i mo thaoiseach, d'fhéadfá a rá, ar raithneach an cheantair seo.

FÚFÚ (*ag breathnú air go hómósach*): Óóóó. Taoiseach ar an raithneach!

BÓZÓ: Beidh Súsaí mar bhainisteoir agam.

FÚFÚ: Óóóó, bainisteoir! Agus mise? Mise. . . mise. . . mise?

BÓZÓ: Tusa. Bhuel, má dhéanann tú gach uile rud i gceart inniu, beidh tusa i do stiúrthóir faisnéise againn!

FÚFÚ: Óóóó, go raibh maith agat. Stiúr . . . cibé rud a dúirt tú. Tá sé sin an-tábhachtach, nach bhfuil? Ach céard é?

BÓZÓ (*ag breathnú ar an mbeirt agus ag gearradh trasna air*): Tá. Tá gach rud réidh mar sin. Ar aghaidh linn chuig oifig an dochtúra.

(*Imíonn an triúr acu,* FÚFÚ *ag rá 'raithneach, raithneach, raithneach' chun nach ndéanfaidh sé*

dearmad air, SÚSAÍ *agus* BÓZÓ *ag breathnú i dtreo na*
spéire agus ar a chéile. Imíonn siad.
Tagann an TRIÚR *eile amach ó chúl na sceiche.)*

SÍLE: Tá siad chun an dochtúir a robáil.

PÓL: Tá. Agus é féin agus an bhanaltra a ionsaí!

LAOISE: Céard is féidir linn a dhéanamh?

SÍLE: Na Gardaí! Caithfimid dul chuig na Gardaí!

PÓL: Caithfidh, ach tá siad sin ar a mbealach chuig
oifig an dochtúra anois!

LAOISE: Caithfidh duine againn dul chuig na Gardaí
agus rachaidh an bheirt eile againn chuig oifig an
dochtúra.

SÍLE: Sin é!

PÓL: Iontach . . . ach fan . . . ní dúirt siad cén dochtúir.
Tá . . . aon . . . dó . . . trí, tá triúr dochtúirí
cóngarach don áit seo.

LAOISE: Beidh orainn rith timpeall orthu.

PÓL: Beidh. Is fearr tosú anois nó beimid ródhéanach.

LAOISE: A Shíle, an mbeifeá sásta rith chuig na Gardaí
agus an scéal a insint dóibh?

SÍLE: Ceart go leor.
(Beireann LAOISE *greim ar an mála plaisteach agus*
cuireann an bheirt eile na buidéil agus na píosaí
páipéir isteach agus beireann sí léi an mála.)

PÓL: Brostaígí, brostaígí.
(Ritheann siad amach ar clé.)

Radharc 2

Suíomh

Oifig fáilte an dochtúra. Banaltra ina suí taobh thiar de bhord ar deis. Bosca le cártaí na n-othar agus boscaí ina bhfuil drugaí srl. ar an mbord. Bord íseal sa lár ar a bhfuil irisí Béarla. Othair ag fanacht ina suí cúl le balla i líne. An raidió ar siúl os ard, popcheol de chineál éigin. BÓZÓ *faoina fhéasóg ag barr na scuaine, ansin* SEANFHEAR *a bhíonn ag casachtach agus ag sraothartach ar fud na háite, gan naipcín póca a úsáid ach ag glanadh a shróine le muinchille a chóta; ansin* SÚSAÍ *faoina bréagfholt.* Bíonn BÓZÓ *agus* SÚSAÍ *ag iarraidh iad féin a chosaint ar na casachtaí seo agus ag bogadh chomh fada agus is féidir ón seanleaid. Tá* FÚFÚ *ina sheasamh go neirbhíseach cóngarach don doras ar clé, spéaclaí dubha á gcaitheamh aige agus bata bán ina lámh. Bíonn sé ag titim thar rudaí agus thar dhaoine, rud a chuireann as do Bhózó agus do Shúsaí agus bíonn siad ag déanamh comharthaí leis éirí as an tseafóid seo, go bhfuil sé ag dul rófhada leis mar scéal.*

Tá an bealach go dtí oifig an dochtúra ar thaobh na láimhe deise.

Éiríonn BÓZÓ *neirbhíseach de bhrí go bhfuil siad ag fanacht chomh fada seo agus bíonn sé ag bogadh ar a shuíochán agus ag breathnú i dtreo Shúsaí agus Fhúfú. Éiríonn sé agus téann go dtí an Bhanaltra.*

BANALTRA (*ag béicíl thar an raidió*): An féidir liom cabhrú leat?

BÓZÓ (*ag béicíl ar ais*): Tá deifir orm. An féidir liom dul isteach?

BANALTRA: Ó, ní féidir. Tá duine istigh leis an dochtúir.
(*Téann* BÓZÓ *ar ais go dtí a shuíochán go míshásta.
Breathnaíonn* BÓZÓ *ar an seanleaid atá ag casachtach go dona agus cuma thar a bheith mhíshásta air. Déanann* BÓZÓ *iarrachtaí é féin a chosaint lena lámh.*)

BÓZÓ: Ní haon ionadh go mbíonn daoine tinn má bhíonn orthu fanacht in áit mhíshláintiúil mar seo.

SEANFHEAR: Múch an diabhal raidió sin. (*Casachtach*) An nglaonn sibh ceol air sin?

BÓZÓ: Tá an ceol sin ceart go leor.

SEANFHEAR: Níl. Sin gleo damanta.
(*Múchann an* BHANALTRA *an ceol.*)

SEANFHEAR: Cuir ceol deas Gaelach ar siúl.
(*Cuireann an* BHANALTRA *ceol Gaelach ar siúl os íseal.*)

BÓZÓ (*go cantalach*): Cuir ceol ar siúl!

SEANFHEAR: Tá ceol ar siúl.
(*Déanann an* SEANFHEAR *sraothartach uafásach agus teitheann* BÓZÓ.
Tosaíonn an BHANALTRA *ag obair ar na cártaí agus ní thugann sí aird orthu níos mó.
Breathnaíonn* BÓZÓ *ar a uaireadóir.*)

BÓZÓ: A trí a chlog.
(*Breathnaíonn* BÓZÓ *i dtreo Fúfú.*)

BÓZÓ (*de chogar*): An bhfaca tú é?

FÚFÚ (*ag breathnú thar imeall na ngloiní*): Cé hé, an seanleaid?

BÓZÓ (*i bhfeirg*): Ní hea, a leibide . . . ach . . . ó . . .

(*Ag an nóiméad sin tagann seanbhean isteach, í ag siúl le cúnamh ó fhráma Zimmer. Tá cuma chantalach agus fheargach uirthi.*)

SEANBHEAN (*le Fúfú atá sa bhealach uirthi*): Fág an bealach, fág an bealach, a deirim.

(*Brúnn an* TSEANBHEAN *Fúfú ar leataobh go garbh leis an Zimmer. Titeann* FÚFÚ.

Siúlann an TSEANBHEAN *go diongbháilte go dtí barr na scuaine agus seasann os comhair Bhózó atá ina shuí ag barr an doras.*)

BÓZÓ: Hóigh! Gabh mo leithscéal, ach tá mise ag barr na scuaine seo.

(*Breathnaíonn an* TSEANBHEAN *uirthi féin, ar Bhózó agus síos an scuaine.*)

SEANBHEAN: Níl, feictear domsa. Mise atá ag an mbarr.

(*Éiríonn* BÓZÓ *ina sheasamh go feargach.*)

BÓZÓ: Tá mise anseo le leathuair an chloig. Síos leat go dtí bun na scuaine sin!

(*Ardaíonn an* TSEANBHEAN *an Zimmer agus buaileann go trom é leis sa ghlúin.*

Titeann BÓZÓ *agus é ag screadach agus greim aige ar a ghlúin.*)

BÓZÓ: Áááááá!

(*Léimeann an* BHANALTRA *nuair a chloiseann sí* BÓZÓ *ag screadach. Téann sí chuige. Scrúdaíonn sí an ghlúin. Faigheann sí bindealán agus ceanglaíonn an ghlúin sa chaoi go bhfuil sé deacair air siúl gan a bheith ag bacadradh. Gach uile dhuine bailithe timpeall ag breathnú orthu le teann fiosrachta.*)

BANALTRA: Suígí síos. Suígí síos.

(Cuireann sí Bózó ag barr na scuaine. Cuireann BÓZÓ strainceanna air féin leis an tseanbhean. Ritheann PÓL agus LAOISE isteach, saothar orthu, suíonn siad síos ag bun na scuaine agus breathnaíonn siad thart. Baineann FÚFÚ na spéaclaí de agus breathnaíonn amach ar an doras. Casann sé thart an-chorraithe agus a lámha san aer.)

FÚFÚ: Raithneach.

(Breathnaíonn BÓZÓ agus SÚSAÍ air agus preabann siad ina seasamh.

Tagann duine as oifig an dochtúra agus téann BÓZÓ isteach go bacach ach go sciobtha mar éiríonn an tseanbhean ag an am céanna agus déanann sí iarracht dul isteach roimhe. Scliúchas beag. Éiríonn le BÓZÓ dul isteach roimpi.

Cloistear fuaimeanna uafásacha ó oifig an dochtúra, screadach agus béicíl. Éiríonn PÓL agus ritheann sé i dtreo oifig an dochtúra. Éiríonn SÚSAÍ, leagann sí an bhanaltra agus titeann anuas uirthi. Gach uile dhuine ag béicíl. Éiríonn LAOISE agus ritheann sí chun an bhanaltra a shábháil. Léimeann sí ar Shúsaí agus tarraingíonn sí ón mbanaltra í. Bíonn siad ag iomrascáil le chéile. Bíonn gach rud ina chíréib le gleo agus le gluaiseacht. Seasann an SEANFHEAR ar a chathaoir chun radharc níos fearr a fháil agus bíonn gach liú as ag misniú na dtrodairí. Ionsaíonn an TSEANBHEAN Fúfú leis an Zimmer. Scanraítear FÚFÚ agus beireann sé greim ar roinnt boscaí atá ar bhord na banaltra go sciobtha agus ritheann i dtreo an dorais. Ag an nóiméad sin siúlann GARDA isteach. Tosaíonn FÚFÚ ag cúlú, agus buaileann sé in éadan

Zimmer na seanmhná, bogann sise an Zimmer as an mbealach agus titeann FÚFÚ, *an* TSEANBHEAN *ag bualadh buille air ar an mbealach. Tagann* SÍLE *isteach i ndiaidh an Gharda. Ag an nóiméad céanna tagann* AN DOCHTÚIR, *duine mór láidir, agus é ag iompar* BÓZÓ, *atá ag ciceáil an aeir agus ag screadach agus a fhéasóg ag titim de. Éiríonn le Laoise smacht a fháil ar lámha Shúsaí.*)

DOCHTÚIR: Seo duine acu, a Gharda.

(*Tugann* AN DOCHTÚIR *Bózó ar lámh don Gharda.*)

LAOISE: Seo duine eile.

(*Tugann* LAOISE *Súsaí ar lámh don Gharda. Cuireann* AN GARDA *glais lámh ar an mbeirt acu. Tá an seanfhear an-sásta go deo agus é ag gáire agus ag liú.*)

SEANBHEAN: Agus seo duine eile.

(*Buaileann an* TSEANBHEAN *buille dá Zimmer ar thóin Fúfú atá ina luí ar an urlár. Ligeann* FÚFÚ *scread agus déanann iarracht dul ar chúl an Gharda chun é féin a chosaint. Beireann an* GARDA *greim air. Laoise, Síle agus Pól ina seasamh le chéile agus iad ag gáire.*)

CRÍOCH

Gleann Álainn

Foireann

Déagóirí óga:

PÁDRAIG
EILÍS
ÉAMONN BEAG
PÁDRAIGÍN
SEOSAMH
SINÉAD
SLUA AR PHICÉAD

Daoine fásta:

SÉAMUS DUBH
PEADAIRÍN THÓIN AN BHAILE
BREITHEAMH
TADHG Ó CUILL   *oifigeach sa Chomhairle Chontae*
SEÁN MAC AN MHÁISTIR   *polaiteoir*
CLÉIREACH NA CÚIRTE
MAC UÍ DHROMA
MAC UÍ GHRÍOFA
DOIRSEOIR

Fógraí agus bratacha faoi thruailliú.

Radharc 1

Suíomh:

Ar cúl ar clé, radharc tíre, portach, sliabh, coill, nó trá.
Sceacha, crainn, dumhcha nó carraigeacha, de réir mar a
fheileann. Ar deis, chun tosaigh, seomra le bord agus le dhá
chathaoir. Bainfear feidhm as an seomra seo mar aonaid
éagsúla, seomra i dteach, oifig, cúirt. Dhá radharc éagsúla
iad seo agus lonróidh an solas ar an gceann a bhíonn in
úsáid ag an am. Ar cúl ar clé, rud éigin ar féidir le daoine
seasamh air, ba leor bosca nó dhó.

Tagann seisear daoine óga ar an stáitse ón taobh clé, iad ag
iompar málaí agus ábhar péinteála, go dtí an radharc tíre
álainn, loch agus sléibhte. Sceach aitinn agus carraig nó
dhó ar an ardán, más féidir.

EILÍS (*ag díriú méire ar an radharc*): Céard faoin áit seo?

PÁDRAIG: Tá sé go hálainn. Céard a dúirt an múinteoir
linn? Áit a thaitníonn linn a roghnú. An
dtaitníonn an áit seo le gach uile dhuine?

GACH DUINE: Taitníonn!

PÁDRAIG: Go hiontach!

(*Osclaíonn daoine a leabhair sceitseála, duine nó beirt*
ag cur suas tacas agus bord bán. Socraíonn ceathrar
acu síos.)

SEOSAMH: Sílim go rachaidh mise suas ar an ard, beidh
radharc níos fearr ar na sléibhte ón áit sin. Céard
fútsa, a Shinéad?

(*Breathnaíonn an chuid eile ar Shinéad, iad fiosrach.*
Tá SINÉAD *beagán trína chéile.*)

PÁDRAIG (*ag magadh*): Bhuel, a Shinéad?

SINÉAD: Ó! (*Éiríonn sí, tógann léi a cuid stuif agus leanann Seosamh.*)

PÁDRAIG: Ahá! Grá don ealaín nó, b'fhéidir, grá don ealaíontóir!

(*Gáire ón chuid eile. Feictear Seosamh agus Sinéad ag dul as radharc.*)

EILÍS: Ní cóir bheith ag magadh fúthu.

PÁDRAIG (*le gáire beag*): Ó! Nach cuma. Bheadh siad féin sásta bheith ag magadh fúinne, dá mbeadh an seans acu.

(*Socraíonn siad síos arís agus bíonn siad ag péinteáil agus ag sceitseáil.*

Feictear SINÉAD *ag teacht ar ais go sciobtha.*

Breathnaíonn an chuid eile suas agus iontas orthu.)

PÁDRAIG: Ní raibh muid ag súil libhse go fóill. Titim amach idir ealaíontóirí nó . . . céard é seo . . . ar chaill tú Seosamh?

(*Briseann* SINÉAD *isteach ar a chuid cainte.*)

SINÉAD: Éirigh as an tseafóid, a Phádraig, tá rud gránna éigin thuas ansin.

PÁDRAIG: Ó, céard é féin? Seosamh?

(*Gáire ón chuid eile*)

SINÉAD (*go feargach*): Éirigh as, a dúirt mé! Tá Seosamh thuas ann go fóill. Tá bruscar caite ag amadán éigin thuas ansin!

EILÍS: Bruscar. Cén sórt bruscair?

SINÉAD: Gabhaigí i leith go bhfeicfidh sibh féin.

(*Bailíonn siad go léir ar an taobh clé ar cúl agus breathnaíonn siad uathu.*

Casann SEOSAMH *leo.*)

SEOSAMH: Ansin, in aice an locha. An bhfeiceann sibh?

SINÉAD: Go hálainn, nach bhfuil? Málaí móra plaisteacha, cannaí stáin, buidéil, seanleapacha.

PÁDRAIGÍN (*ag bogadh go dtí áit eile*): Féach, tá tuilleadh anseo, sna sceacha. Málaí plaisteacha stróicthe. An bruscar lofa seo ar fad ar fud na háite! Tá sé gránna! Milleann sé áilleacht na háite.

(*Filleann siad ar na tacais.*)

PÁDRAIG: Tá sé uafásach, ach céard is féidir linne a dhéanamh faoi?

SINÉAD: Caithfimid rud éigin a dhéanamh!

SEOSAMH (*ag machnamh*): Bhuel, má tá daoine ag cur stuif amach anseo, bíonn orthu teacht anseo leis.

SINÉAD: Sin é! (*Go ciúin*) Is féidir linn súil a choinneáil ar an áit.

(*Breathnaíonn siad ar a chéile.*)

EILÍS: Ach . . . an mbeadh sé sin dainséarach?

SINÉAD: Cén chaoi, dainséarach?

EILÍS: Dá bhfeicfidís muid?

(*Sos nóiméid*)

SINÉAD: Caithfimid dul sa seans.

SEOSAMH: An bhfuil gach duine sásta fanacht?

GACH DUINE: Tá.

(*Téann siad i bhfolach taobh thiar de na sceacha in áiteanna éagsúla ón lár go dtí an taobh deas den stáitse. Seosamh agus Sinéad le chéile.*)

SINÉAD (*de chogar, ach an-díograiseach*): A Sheosaimh, an mbeifeá sásta bheith páirteach in agóid i gcoinne na dumpála seo?

SEOSAMH (*ag breathnú uirthi, miongháire ar a bhéal*): An

bhfuil tú ag iarraidh an domhan a athrú arís? Ní
féidir é a dhéanamh, tá a fhios agat.

SINÉAD: Is féidir iarracht a dhéanamh feabhas éigin a
chur ar an domhan.

SEOSAMH: Tá an ceart agat. Beidh mé leat.

(*Beireann* SEOSAMH *greim láimhe ar Shinéad agus
suíonn siad síos taobh thiar de sceach.*

*Cloistear fuaim ghluaisteáin ag teacht agus ag
stopadh.*

*Fanann na gasúir uile taobh thiar de na sceacha, ach
iad ag faire go cúramach.*

*Feictear beirt fhear, ar clé, ag iompar stuif ón veain,
nach bhfuil le feiceáil, go dtí áit ar clé agus carn de
mhálaí plaisteacha, d'adhmad, srl, á dhéanamh acu.*

Glacann SEOSAMH *grianghraf faoi rún, feiceann*
SINÉAD *é á dhéanamh seo. Cuireann* SEOSAMH *an
ceamara síos ar an talamh taobh thiar den sceach.*

Feiceann SINÉAD *na fir agus cuireann sí lámh lena
béal.*)

SEOSAMH (*de chogar*): Céard tá cearr?

SINÉAD: Aithním na fir sin.

SEOSAMH: Aithním féin iad, Séamus Dubh agus
Peadairín ó Thóin an Bhaile, céard fúthu?

SINÉAD: Dada, ach go mbíonn siad ag tacú le m'athair,
is baill den chumann áitiúil iad.

SEOSAMH (*go báúil*): An bhfuil tú ag iarraidh éirí as an
bhfeachtas, mar sin? Bheadh sé an-deacair ort,
nach mbeadh?

SINÉAD: Beidh m'athair ar buile, níl a fhios agam céard
a dhéanfaidh sé . . . ach caithfimid dul ar aghaidh.

(*Críochnaíonn* SÉAMUS DUBH *agus* PEADAIRÍN *a gcuid
oibre agus seasann siad, ag breathnú thart.*)

68

PEADAIRÍN: Meas tú, a Shéamaisín, an bhfuil aon seans go mbéarfar orainn?

SÉAMUS: Go mbéarfear orainn! Céard sa diabhal atá i gceist agat, a mhac?

PEADAIRÍN: Muise, an fógra sin thoir go gcaithfidh tú €800 a íoc má bheirtear ort ag dumpáil.

SÉAMUS: €800, mo thóin. Nach raibh muide ag dumpáil anseo sular rugadh cibé clabhta a chuir an fógra sin in airde?

PEADAIRÍN: Bhí muid, ó bhí, tá an ceart agat. Ach tá fógra ann anois agus . . .

SÉAMUS (*ag briseadh isteach air*): Dhera, éirigh as mar scéal, cén chaoi a mbeadh a fhios acu gur muide a rinne é?

PEADAIRÍN (*ag casadh chun imeachta*): Tá an ceart agat, tá an ceart agat.

SÉAMUS: Agus fiú dá mbeadh a fhios acu, nach bhfuil na cairde cearta againne?

PEADAIRÍN: Ar ndóigh, tá, Mac an Mháistir, nach Teachta Dála é? Ní féidir dul thairis sin.

SÉAMUS: Sin é an buachaill a choinneoidh smacht ar na hoifigigh sin!

(*Imíonn an bheirt acu.*

Breathnaíonn SINÉAD *ar Sheosamh, uafás ina súile.*)

SINÉAD (*de chogar*): Mo Dhaide!

(*Cuireann* SEOSAMH *a lámh timpeall ar ghualainn Shinéad.*)

SEOSAMH: Níl tada mícheart déanta ag do Dhaide. Ná bí buartha.

SINÉAD: Ach ceapann siad sin . . .

SEOSAMH: Ná bac leo, seans nach bhfuil ann ach bladar, tá a fhios agat an bheirt sin.

SINÉAD: Ach tá imní orm.

SEOSAMH: Céard faoi?

SINÉAD (*de chogar buartha*): Céard a dhéanfas muid mura seasann an chuid eile linn?

SEOSAMH (*de chogar*): Tuige nach seasfadh?

SINÉAD (*de chogar*): Uncail le hÉamonn Beag is ea Séamus Dubh.

SEOSAMH (*de chogar*): Tuigim. Ní mór dúinn bheith an-chúramach.

(*Tagann an chuid eile as na háiteanna ina raibh siad i bhfolach.*)

PÁDRAIG: An bhfuil an bheirt agaibhse ag teacht nó an bhfuil sé i gceist agaibh an oíche a chaitheamh anseo?

PÁDRAIGÍN: Bhuel, tá a fhios againn cé a rinne é. Céard é an chéad chéim eile?

EILÍS (*go gliondrach*): Séamus Dubh agus Peadairín Thóin an Bhaile.

SINÉAD: Agóid! Agus an dlí a chur orthu!

ÉAMONN BEAG (*cuma bhuartha air*): Ní bhíonn sé ciallmhar . . . sceitheadh ar chomharsana.

(*Caitheann sé cúpla nóiméad ag fústráil anseo agus ansiúd, an chuid eile ag breathnú air. Ansin déanann sé cinneadh.*)

Feicfidh mé ar ball sibh.

(*Imíonn ÉAMONN BEAG ina aonar. Breathnaíonn an chuid eile ina dhiaidh.*

Breathnaíonn SINÉAD agus SEOSAMH ar a chéile. Imíonn siad uile amach go ciúin, ar clé)

(*Soilse múchta*)

Radharc 2

Soilse ag lasadh thaobh na láimhe deise den stáitse.

Suíomh:
Oifig sa Chomhairle Chontae. Fuinneog ar an mballa ar cúl.
Oifigeach na Comhairle, TADHG Ó CUILL, *ina shuí ag an mbord.*
Cloistear béicíl taobh amuigh.

GUTHANNA: Deireadh le dumpáil! An dlí ar lucht na
  dumpála.
A LÁN GUTHANNA LE CHÉILE:
  Hurú! Hurú! Hurú!
  Deireadh le truailliú!
  Deireadh le dumpáil,
  Deireadh le dumpáil,
  Fíneáil mhór inniu!
  (*Éiríonn* TADHG *agus breathnaíonn sé an fhuinneog
  amach. Feiceann sé rud éigin a bhaineann geit as
  agus léiríonn sé é seo trí chnead beag a ligean agus
  lámh a chur lena smig.*
  Tagann DOIRSEOIR *agus fógraíonn go bhfuil
  cuairteoir aige.*)
DOIRSEOIR: An tUasal Seán Mac an Mháistir.
  (*Tagann* SEÁN MAC AN MHÁISTIR *isteach ag baint stuif
  buí dá aghaidh, é trí chéile agus ar buile.*)
SEÁN (*fós á ghlanadh féin*): An bhfaca tú é sin? Na
  dailtíní sráide sin? Daoscarshlua! Ní féidir le

71

comhairleoir siúl isteach ina oifig féin gan bheith faoi ionsaí! Céard tá á dhéanamh ag na tuismitheoirí? Easpa smachta! Céard tá ar siúl?

TADHG (*duine tirim oifigiúil*): De réir mar a thuigim, a Sheáin, tá siad ag éileamh go gcuirfí an dlí ar an dream a bhíonn ag dumpáil go mídhleathach. Ní ormsa an locht faoi sin.

SEÁN: An dlí? Cén meas atá acu siúd ar an dlí? Nach féidir leat fáil réidh leo?

TADHG: Tá na Gardaí ag teacht le súil a choinneáil orthu.

SEÁN (*le drochmheas*): Le súil a choinneáil orthu. Dhéanfadh trí mhí i bpríosún maitheas don daoscarshlua sin.

TADHG (*le miongháire rúnda*): Tá mé ag ceapadh go bhfaca mé d'iníon ina measc.

SEÁN (*preab bainte as*): M'iníonsa! Ní féidir. Ag dul thar bráid a bhí sí, tá mé cinnte.

(*Déanann* TADHG *miongháire ach ní deir sé dada.*)

SEÁN: Ach ní faoi sin a tháinig mé isteach. De réir mar a thuigim, tá seanchairde liom, Séamus Dubh agus Peadairín Thóin an Bhaile, le bheith os comhair na cúirte gan mhoill. Daoine an-mhaithe iad agus . . . bheinn an-bhuíoch . . . um . . . á . . . dá bhféadfadh an Chomhairle an cás a tharraingt siar . . . um . . . fianaise bhréige atá á cur ina gcoinne, tá mé cinnte. Tuigim, dár ndóigh, go mbíonn costas ag baint le cás mar seo, obair bhreise, agus mar sin de.

(*Tógann sé clúdach beag donn as a phóca agus cuireann sé síos ar an mbord os comhair Thaidhg é.*)

TADHG (*ag déanamh neamhshuime den chlúdach agus ag caint go tomhaiste*): Bhuel, a Sheáin, caithfidh an cás dul ar aghaidh . . . ach . . . b'fhéidir go bhféadfaí pointí ina bhfabhar a lua, nó finné ina bhfabhar a aimsiú. Labhróidh mé lenár ndlíodóir. Ach tá mé cinnte go dtuigeann tú nach í an Chomhairle, ach na daoine óga seo, atá ag cur an dlí orthu. Beidh sé deacair.

SEÁN: Fágfaidh mé fút féin é. Tá mé cinnte go ndéanfaidh tú an rud ceart, mar a rinne tú riamh, a Thaidhg.

(*Déanann* TADHG *miongháire.*)

(*Íslítear na soilse.*)

73

Radharc 3

An chúirt. Bord bogtha isteach sa lár.
Spotsolas ar an gcúirt.

Séamus Dubh, Peadairín agus Mac Uí Dhroma, a ndlíodóir,
ar clé. Mac Uí Ghríofa, dlíodóir na ndaoine óga, ar clé. Níl
Seosamh ann. Tá Pádraig, Eilís, agus Pádraigín níos faide
ar clé. Níl Éamonn Beag ann. Tá Cléireach na Cúirte ina
shuí.

SINÉAD (*ag breathnú thart, agus ag caint lena dlíodóir*): Níl
    Seosamh tagtha fós.
    (*Siúlann sí sall le labhairt leis na hógánaigh eile.*)
SINÉAD: Cá bhfuil Seosamh?
PÁDRAIG: Bhí mé ag caint leis ar maidin agus dúirt sé
    rud éigin faoina cheamara agus rith sé leis.
SINÉAD (*imní uirthi*): An ceamara! Bhí dearmad déanta
    agam de sin! Tá mé cinnte gur fhág sé ar an
    bportach é!
    (*Ní thuigeann Pádraig an chaint seo faoi cheamara*
    agus casann sé ar ais chuig na hógánaigh eile le
    searradh dá ghuaillí. Téann SINÉAD *ar ais go dtí a*
    dlíodóir agus cuma bhuartha uirthi.
    Éiríonn CLÉIREACH NA CÚIRTE.)
CLÉIREACH: Seasaigí don Bhreitheamh!
    (*Tagann an* BREITHEAMH *isteach. Seasann sé taobh*
    thiar den bhord ar feadh nóiméid. Suíonn sé. Suíonn
    na daoine eile a bhfuil suíocháin ann dóibh.)

BREITHEAMH: Móra dhaoibh! Cad é an chéad chás ar maidin?

CLÉIREACH: Cás dumpála. Is iad Séamus Dubh agus Peadairín Thóin an Bhaile na cosantóirí, a Dhuine Uasail.

BREITHEAMH: Céard é an cás in aghaidh na ndaoine ainmnithe?

MAC UÍ GHRÍOFA: Is é an cás, a Dhuine Uasail, gur chaith na daoine ainmnithe bruscar ar an bportach go mídhleathach, agus go bhfaca scata daoine óga iad á dhéanamh.

BREITHEAMH: An bhfuil na daoine óga sin i láthair?

(*Breathnaíonn* MAC UÍ GHRÍOFA *ar Shinéad agus cuireann ceist uirthi os íseal. Freagraíonn sí é os íseal.*)

MAC UÍ GHRÍOFA: Tá ceathrar den seisear a chonaic iad anseo, a Dhuine Uasail.

BREITHEAMH: Ceathrar den seisear. Tuigim. Lean ort.

MAC UÍ GHRÍOFA: Bhí an seisear ag péintéireacht ar an bportach ar an 20ú lá den mhí agus chonaic siad an bheirt chosantóirí seo ag dumpáil go mídhleathach.

BREITHEAMH: Agus aontaíonn an seisear go bhfaca siad an bheirt ainmnithe ag dumpáil?

MAC UÍ GHRÍOFA: Aontaíonn an ceathrar atá anseo.

BREITHEAMH: Tuigim. Ceathrar. Go raibh maith agat. Anois, an bhfuil aon rud le rá ag an dream atá cúisithe?

MAC UÍ DHROMA: Ba mhaith liom ceist a chur ar Shinéad Nic an Mháistir. Tuige nach bhfuil an seisear a chonaic na daoine ainmnithe ag dumpáil, mar dhea, anseo?

75

MAC UÍ GHRÍOFA: Tá duine amháin acu, Pádraig Ó Fatharta, ag cuardach fianaise atá fíorthábhachtach.

MAC UÍ DHROMA: Sin cúigear. Céard faoin séú duine?

MAC UÍ GHRÍOFA: Tá muid ag súil leis aon nóiméad feasta.

MAC UÍ DHROMA: Bhuel, b'fhéidir gur féidir liom lámh chúnta a thabhairt daoibh. Glaoim ar Éamonn Beag Ó Murchú.

DOIRSEOIR: Éamonn Beag Ó Murchú.

(*Tagann* ÉAMONN BEAG *isteach agus seasann taobh le Mac Uí Dhroma.*

Breathnaíonn NA HÓGÁNAIGH *ar a chéile agus uafás orthu.*)

MAC UÍ GHRÍOFA (*de chogar le Sinéad*): Ní maith liom é seo. Níl ag éirí go rómhaith le cúrsaí, tá faitíos orm.

MAC UÍ DHROMA: Is tusa Éamonn Beag Ó Murchú.

ÉAMONN BEAG (*ag caint os íseal*): Is mé.

MAC UÍ DHROMA: An raibh tú ar an turas péintéireachta seo leis an gcúigear eile?

ÉAMONN BEAG (*os íseal*): Bhí.

MAC UÍ DHROMA: An bhfaca tú daoine agus iad ag dumpáil bruscair?

ÉAMONN BEAG (*os íseal*): Chonaic.

MAC UÍ DHROMA: Agus arbh iad seo, na daoine ainmnithe, na daoine a rinne an dumpáil?

ÉAMONN BEAG (*go neirbhíseach agus go héiginnte*): Ní . . . ní féidir liom a bheith cinnte.

MAC UÍ DHROMA: Agus tuige nach féidir leat a bheith cinnte?

ÉAMONN BEAG (*trí chéile*): E . . . bhí sceach ann . . . ní cuimhin . . . ní raibh mé ábalta iad a fheiceáil i gceart.

MAC UÍ DHROMA: Mar sin, ní féidir leat a rá gurbh iad seo na daoine a rinne an dumpáil?

ÉAMONN BEAG: Ní féidir.

MAC UÍ DHROMA: Is dóigh liomsa, a Dhuine Uasail, nach féidir na daoine seo a chúiseamh gan fianaise níos cinnte.

SINÉAD (*de chogar lena dlíodóir*): Iarr sos cúig nóiméad.

MAC UÍ GHRÍOFA: A Dhuine Uasail, iarraim ort sos cúig nóiméad a cheadú dom le dul i gcomhairle le mo chuid cliant.

BREATHEAMH: Tá go maith. Cúig nóiméad.

CLÉIREACH NA CÚIRTE: Seasaigí don Bhreitheamh!

(*Seasann gach duine.*

Imíonn an BREITHEAMH.

Labhraíonn MAC UÍ DHROMA *le Séamus Dubh agus le Peadairín Thóin an Bhaile agus tagann cuma an-ríméadach orthu, iad ag caint agus ag gáire. Is léir nach bhfuil* ÉAMONN BEAG *sona, áfach, agus seasann sé ar leataobh uathu.*

Bailíonn NA HÓGÁNAIGH *le chéile lena ndlíodóir siúd, iad an-chiúin.*)

MAC UÍ GHRÍOFA: Tá ár gcosa nite murar féidir linn teacht ar fhianaise chinnte.

PÁDRAIG: An cladhaire sin Éamonn Beag, ag cliseadh orainn mar sin!

EILÍS: Ach cén rogha a bhí aige, is é Séamus Dubh a uncail.

77

PÁDRAIG (*feargach*): Tá a fhios aige chomh maith is atá a fhios againne gurbh iad a bhí ann!

MAC UÍ GHRÍOFA: Is cuma faoi sin anois, mar níl sé sásta é a rá.

PÁDRAIGÍN: Ach cá bhfuil Seosamh?

SINÉAD: Nuair a bhí muid ar an bportach, ghlac Seosamh cúpla grianghraf de na daoine a bhí ag dumpáil. Ach tá mé ag ceapadh gur fhág sé an ceamara san áit ina raibh muid. Chuir sé síos é, ach ní fhaca mé é á thógáil leis. Rinne muid dearmad.

(*Cuireann* SINÉAD *a lámha lena cloigeann go héadóchasach*)

PÁDRAIGÍN: Caithfidh sé go ndeachaigh sé suas ansin ar maidin á lorg.

EILÍS: Má éiríonn leis . . .

MAC UÍ GHRÍOFA: Beidh linn.

EILÍS (*go mall*): Ach . . . mura n-éiríonn . . .

(*Breathnaíonn siad ar a chéile gan focal a rá ach iad ag breathnú sall ar an ngrúpa eile.*)

CLÉIREACH NA CÚIRTE: Seasaigí don Bhreitheamh!

(*Éiríonn gach duine.*

Tagann an BREITHEAMH *isteach agus suíonn sé síos.*)

BREITHEAMH: An bhfuil aon rud breise le rá ag taobh ar bith sa chás seo?

(*Breathnaíonn an* BREITHEAMH *ó ghrúpa go grúpa.*)

BREITHEAMH: Níl? Bhuel, sa chás . . .

(*Go tobann, cloistear coiscéimeanna agus briseann* SEOSAMH *isteach ar an gcúirt, cuma fhiáin air, é stróicthe ag driseacha, a chuid gruaige in aimhréidh, a léine stróicthe agus salach, saothar air.*)

78

BREITHEAMH (*ag glaoch amach*): Stop an duine sin!

(*Léimeann an* DOIRSEOIR *agus beireann greim ar Sheosamh.*)

MAC UÍ GHRÍOFA: A Dhuine Uasail, creidim go bhfuil fianaise atá fíorthábhachtach ag an duine sin, Seosamh Mac Domhnaill.   Iarraim cead í a ghlacadh uaidh.

(*Tá na* PÁISTÍ *go léir ar bís. Tá Séamus Dubh agus a bhuíon ag breathnú ar Sheosamh agus iontas orthu. Níl a fhios acu céard tá ag tarlú.*)

BREITHEAMH: Tá go maith. Tá súil agam gur fiú é.

(*Faoin am seo tá* SEOSAMH *ar tí titim ach síneann sé cúpla grianghraf chuig dlíodóir na n-ógánach. Breathnaíonn an* DLÍODÓIR *orthu, déanann miongháire agus síneann chuig an mBreitheamh iad. Breathnaíonn an* BREITHEAMH *orthu agus déanann comhartha do Mhac Uí Dhroma teacht chuige. Tagann* MAC UÍ DHROMA. *Taispeánann an* BREITHEAMH *na grianghraif dó. Baintear preab uafásach as Mac Uí Dhroma.*

Téann MAC UÍ DHROMA *ar ais chuig a ghrúpa féin, agus deir cúpla focal leo go ciúin.*

Tagann dreach scanraithe ar Shéamus Dubh agus ar Pheadairín Thóin an Bhaile.

Casann MAC UÍ DHROMA *i dtreo an Bhreithimh.*)

MAC UÍ DHROMA: Tá na cosantóirí ag tarraingt a gcáis agus siar agus ag admháil go bhfuil siad ciontach, a Dhuine Uasail.

BREITHEAMH: Gearraim fíneáil ocht gcéad euro an duine oraibh.

(*Imíonn* MAC UÍ DHROMA, SÉAMUS DUBH *agus*

PEADAIRÍN TÓIN AN BHAILE *as an gcúirt.*

Bualadh bos mór ó na hógánaigh, liú buach, agus ardaíonn siad a gcuid bratach.

Téann SINÉAD *chuig Seosamh agus tugann lámh chúnta dó lena choinneáil ar a chosa agus iad ar an mbealach amach.*

Breathnaíonn SINÉAD *siar ar Éamonn Beag atá ina sheasamh leis féin agus cuma an-uaigneach air. Tugann sí comhartha dó lena cloigeann teacht leo agus ritheann sé chucu go háthasach.*

Casann na gasúir uile a n-amhrán ar an mbealach amach, bratacha ar crochadh.)

Hurú! Hurú! Hurú!
Cosc ar thruailliú!
Deireadh le dumpáil,
Deireadh le dumpáil,
Fíneáil mhór inniu!

CRÍOCH

Cupán Caife

Foireann

AINDRÉA	*Bn de Búrca, dea-ghléasta, hata galánta, scaif srl.*
ARISTOTLE	*a mac óg (5 bliana d'aois)*
LÍSE	*Bn de Lása, cara le Bn de Búrca, dea-ghléasta, hata galánta*
BEAN UÍ UIGÍN	*bean bhocht tuaithe*
ALANNA	*a hiníon óg (5 bliana d'aois)*
SEANBHEAN TUAITHE	
ÚINÉIR AN CHAFÉ	*buachaill nó cailín*
FREASTALAÍ	*buachaill nó cailín*
GADAÍ 1	*buachaill nó cailín*
GADAÍ 2	*buachaill nó cailín*
GARDA(Í)	*buachaill(í) nó cailín(í)*
BANALTRA(Í)	*buachaill(í) nó cailín(í)*
OIFIGEACH(-IGH) DÓITEÁIN	*buachaill(í) nó cailín(í)*
MÁIRE TREASA	*sa lucht féachana, gnáthéadaí*
PÁIDÍN	*sa lucht féachana, gnáthéadaí*

Radharc:

Café. Doras ar deis chun tosaigh. Doras na cistine ar clé chun tosaigh.

Cuntar, ar a bhfuil teileafón agus scipéad airgid.

Trí bhord. Ceann in aice an dorais ar deis. Ceann i dtreo lár an stáitse agus ceann ar clé. Trí chathaoir ag gach bord. Bláthanna i vása ar na boird.

Tá SEANBHEAN *ina suí ag an mbord in aice an dorais ar deis. Tá* BEAN UÍ UIGÍN *ina suí ag an mbord ar clé, agus* ALANNA *léi ag ithe banana. Cúpla banana eile le feiceáil ar an bpláta ar an mbord. An* TSEANBHEAN *ag ól as cupán. An bord sa lár folamh.*

Tá an TÚINÉIR *ina sheasamh ag an gcuntar. Tá an* FREASTALAÍ *in aice leis an mbord atá cóngarach don doras ar deis, ag cur cupán ar an mbord.*

Feictear AINDRÉA *agus* LÍSE *ag teacht ón taobh clé, ag siúl agus ag caint, Aristotle taobh thiar díobh, é ag geáitsíocht. An ghluaiseacht seo os comhair an ardáin, más féidir, le gur féidir a chur in iúl gur ar an tsráid atá siad. Siúlfaidh siad ar aghaidh agus suas na céimeanna ar deis agus isteach trí dhoras an chaife.*

Murar féidir é sin a dhéanamh, iad a chur ag siúl ar imeall an ardáin agus ag leanacht ar aghaidh amach ar deis agus isteach trí dhoras an chaife ar deis.

AINDRÉA *agus* LÍSE *ag labhairt go hardnósach agus ag siúl go mall.*

Bíonn ARISTOTLE *ag pleidhcíocht, ag léimneach thart agus ag cur strainceanna air féin i dtreo an lucht féachana agus ag ligean air go bhfuil sé ag baint rudaí díobh.*

AINDRÉA: Tá an aimsir go hálainn inniu.

LÍSE (*ag breathnú i dtreo na spéire*): Hmmmm.

>(*Lena linn seo cuireann* ARISTOTLE *strainc air féin i dtreo an lucht féachana.*)

ARISTOTLE: Tusa. Is ea, tusa a bhfuil an aghaidh aisteach ort. Céard is ainm duit?

MÁIRE TREASA (*sa lucht féachana*): Máire Treasa.

ARISTOTLE: Hó hó hó! Dá mbeadh ainm mar sin ormsa, ní inseoinn d'aon duine. Céard? Céard is ainm domsa? Is mise Aristotle.

>(*Deir an cailín rud éigin le hAristotle nach féidir a chloisteáil.*)

ARISTOTLE (*ag caoineadh*): A Mhamá, a Mhamá, dúirt an duine gránna sin go bhfuil Aristotle seafóideach mar ainm.

AINDRÉA: Aristotle, i ndáiríre, cá mhéad uair is gá dom a rá leat gan a bheith ag caint le daoine comónta ar an tsráid?

>(*Leanann* ARISTOTLE *de bheith ag déanamh strainceanna. Breathnaíonn* LÍSE *ar Aristotle agus cuma mhíshásta uirthi. Tugann* AINDRÉA *é seo faoi deara.*)

AINDRÉA: Le fírinne, a Líse, is é an fhadhb atá ag Aristotle go bhfuil sé róchliste agus róghoilliúnach ag an am céanna.

>(*Déanann* ARISTOTLE *iarracht milseáin a bhaint de Pháidín, atá sa lucht féachana. Diúltaíonn* PÁIDÍN *iad a thabhairt dó. Bíonn raic ann.*)

ARISTOTLE: Tabhair domsa iad sin.

PÁIDÍN: Ní thabharfaidh.

ARISTOTLE: Teastaíonn siad uaim!

PÁIDÍN: Is liomsa iad!

(*Tosaíonn siad ag brú agus ag tarraingt.*)

AINDRÉA (*á scarúint ó chéile*): Níl a fhios agam—páistí daoine eile na laethanta seo! Chomh garbh sin, chomh comónta sin! Aristotle, fan amach ó na daoine comónta sin.

(*Déanann* ARISTOTLE *strainceanna gránna eile.*)

LÍSE: Báisteach, tá faitíos orm (*Ag ardú scáth báistí*).

AINDRÉA: Ó, céard a dhéanfas muid? (*Ag ardú scáth báistí*) Aristotle bocht, buailfidh slaghdán é má fheiceann sé báisteach!

LÍSE: Tá café anseo, céard faoi chupán caife?

AINDRÉA (*ag breathnú agus ag ardú a sróin*): Hmm. Ní bhreathnaíonn sé thar mholadh beirte domsa . . . cuileoga, tá mé cinnte . . .

(*Feiceann sí Líse ag rith ar aghaidh agus isteach.*)

AINDRÉA: Ach . . .

(*Leanann sí Líse faoi dheifir isteach sa chafé, Aristotle á tharraingt ina diaidh aici. Seasann siad ag an doras ag croitheadh an uisce óna gcuid scáthanna báistí. Caitear uisce ar an tseanbhean agus ar an bhfreastalaí. Titeann go leor den uisce ar an urlár.*)

SEANBHEAN: Stop! Stop! (*Á cosaint féin*)

(*An* FREASTALAÍ *á cosaint féin lena tráidire.*

Tosaíonn an TSEANBHEAN *agus an* FREASTALAÍ *á dtriomú féin agus ag triomú an bhoird. Ritheann an* TÚINÉIR *trasna le mná na scáthanna a stopadh.*)

ÚINÉIR: A dhaoine uaisle, an féidir liom cabhrú libh? Tabhair dom na scáthanna báistí, le bhur dtoil.

(*Tugann siad na scáthanna báistí dó agus siúlann sé i dtreo an chuntair. Síneann* ARISTOTLE *a chos amach*

agus baineann tuisle as. Titeann sé. Éiríonn sé agus
cuireann sé na scáthanna ar chúl an chuntair.
Fanann sé taobh thiar den chuntar ag cuimilt a
thóna.)

AINDRÉA (*ag breathnú i dtreo an Úinéara go crosta*):
Aristotle, a stóirín, ar ghortaigh sé do chos? A
mhuirnín, tar anseo go bhfeicfidh mé.

(*Scrúdaíonn* AINDRÉA *cos Aristotle go cúramach.*)

AINDRÉA: Hmm. Ní dóigh liom gur gá glaoch ar an
dochtúir, ná *(Ag breathnú ar an úinéir)* ar ár
ndlíodóir!

(*Éiríonn an* TÚINÉIR *imníoch faoi na ráitis seo. Tá a*
lámh lena bhéal aige nóiméad amháin agus tá sé á cur
trína chuid gruaige nóiméad eile, tugann sé comharthaí
fiáine don fhreastalaí aire a thabhairt dóibh.

Éiríonn an FREASTALAÍ *as a bheith ag glanadh bhord*
na seanmhná agus tagann chuig Aindréa agus chuig
Líse.)

FREASTALAÍ: Tá bord réitithe anseo, a dhaoine uaisle.

LÍSE: Bhuel, tá sé thar am agat!

(*Siúlann* AINDRÉA *agus* LÍSE *go dtí an bord, suíonn*
siad síos agus breathnaíonn ar an mbiachlár, an
FREASTALAÍ *ag fanacht ar ordú.*

Sleamhnaíonn ARISTOTLE *go dtí bord Alanna agus*
sciobann banana ón bhord.)

AINDRÉA: Dhá chupán caife, agus a Aristotle, céard ba
mhaith leatsa, a stóirín?

ALANNA (*scread*): Gadaí! Gadaí! Mo bhanana!

(*Sánn* ARISTOTLE *an banana isteach ina phóca.*
Léimeann ALANNA *suas agus ritheann i dtreo Aristotle*
go bagarthach. Ritheann ARISTOTLE *chuig Aindréa.*)

ARISTOTLE: A Mhamááá, a Mhamááá, (*Ag dul taobh thiar di agus ag díriú a mhéire*), d'ionsaigh an cailín gránna sin mé.

(*Éiríonn* AINDRÉA *agus casann i dtreo Bhean Uí Uigín.*)

AINDRÉA: A bhean uasal, ar mhiste leat smacht a choinneáil ar an bpáiste sin?

(*Cuireann* AINDRÉA *Aristotle ina shuí ar a chathaoir, áit a dtosaíonn sé ag déanamh strainceanna i dtreo Alanna agus ag ithe an bhanana nuair nach mbíonn a mháthair ag breathnú. Breathnaíonn* ALANNA *air agus í ar buile. Ansin, casann sí a droim leis agus siúlann sí ar ais go dtí a cathaoir féin.*)

AINDRÉA: Gloine dheas oráiste d'Aristotle bocht.

(*Imíonn an freastalaí.*)

AINDRÉA: Dáiríre, bhí a fhios agam nár chóir dúinn teacht go háit chomónta mar seo. Féach orthu. Céard a cheapfadh m'fhear céile? Ó! Níl a fhios agam. Tá náire orm. Dá bhfeicfeadh mo chairde mé!

(*Feictear an* TSEANBHEAN *ag sá briosca go díograiseach ina cuid tae.* BEAN UÍ UIGÍN *ag glanadh suibhe óna scian lena béal, an* TÚINÉIR *ag baint cístí úll ó sheastán agus á gcur ar phláta gan lámhainní air agus ag glanadh a shróine ar a mhuinchille agus ag casachtach ag an am céanna.*)

LÍSE: Ó! A Dhia! Uafásach! (*Ritheann sí amach.*) Ach tá sé ag stealladh báistí fós.

(*Éiríonn an* TSEANBHEAN *agus téann sí amach. Fágann an* FREASTALAÍ *an chistin le tráidire ar a bhfuil dhá chupán caife agus gloine oráiste.*

Ag an nóiméad sin, brúnn beirt ghadaithe, a bhfuil maisc orthu agus gunnaí láimhe ina nglac acu, an doras isteach, ag béicíl agus ag screadach agus ag scaoileadh urchar as na gunnaí. Titeann an tráidire as lámha an fhreastalaí agus caitheann sí a lámha san aer agus í ag titim siar. Caitheann an TÚINÉIR *na cístí a bhí á láimhseáil aige san aer agus cromann sé féin go sciobtha faoin chuntar.*)

GADAITHE: Airgead! Airgead! Anois. Brostaígí!

GADAÍ 1: Luígí síos!

(*Luíonn gach duine síos.*)

GADAÍ 2: Gach duine i gcoinne an chuntair.

(*Téann gach duine i dtreo an chuntair.*

Léimeann GADAÍ 1 *taobh thiar den chuntar agus cuireann sé an t-úinéir ina sheasamh, a ghunna dírithe air aige.*)

GADAÍ 1: Éirigh! Anois! Oscail an taisceadán! Oscail é! Oscail é! Oscail é!

ÚINÉAR: Ní . . . ní . . . ní . . . f . . . f . . . féidir . . .

GADAÍ 1 (*ag bagairt lena ghunna*) : Oscail é nó . . .

ÚINÉIR (*ar crith le teann eagla*): Ní féidir . . . tá sé ar ghlas ama. Ní osclóidh sé go dtí a deich a chlog anocht.

GADAÍ 1 (*le Gadaí 2*): Faigh an t-airgead as an scipéad.

(*Ritheann* GADAÍ 2 *go dtí an scipéad agus tógann airgead.*)

GADAÍ 1 (*go garbh leis an úinéir*): Drugaí, an bhfuil drugaí ar bith agaibh?

(*Casann an* TÚINÉIR *thart agus faigheann bosca aspairíní agus síneann chuige é.*)

ÚINÉIR: Seo duit, aspairíní.

GADAÍ 1: Ha! A amadáin!

(*Leagann* GADAÍ 1 *an bosca as a lámh lena ghunna go feargach.*

GADAÍ 1 (*le Gadaí 2*): Cá mhéad a fuair tú?

GADAÍ 2: Cúig euro.

GADAÍ 1: Cúig euro! (*Leis an úinéir*) Íocfaidh tú go daor as seo, a phleidhce. Ní fheicfidh tú éirí na gréine arís.

(*Cúlaíonn* AN BHEIRT GHADAITHE *i dtreo an dorais. Seasann siad ar feadh nóiméid in aice leis an mbord atá cóngarach don doras.*)

GADAÍ 1: Beidh muid ar ais. Má thagann aon duine amach, marófar é.

(*Imíonn na* GADAITHE.

Bíonn gach rud ciúin ach bíonn na mná ar crith agus ag caoineadh go ciúin le teann imní. Beireann na máithreacha greim ar na páistí.)

LÍSE (*ag smaoisíl go béasach ina ciarsúr*): B'fhearr dúinn suí síos ar feadh tamaill. Meas tú an bhfuil seans ar bith cupán caife a fháil?

(*Suíonn daoine sna háiteanna ina raibh siad.*)

FREASTALAÍ: Ó, tá aiféala orm. An caife.

(*Ritheann an* FREASTALAÍ *isteach sa chistin.*

Titeann ciúnas iomlán ar an áit ar feadh nóiméid.

Ansin cloistear fuaim: tic-toc, tic-toc, tic-toc.)

AINDRÉA: Éist! Céard é sin?

LÍSE: Clog?

AINDRÉA: Céard a dúirt na gadaithe? (*Go mall, scanraithe*) Ní fheicfidh tú éirí na gréine!

(*Ag an nóiméad sin siúlann an* FREASTALAÍ *isteach ón chistin le tráidire a bhfuil dhá chupán caife air.*)

ÚINÉIR: Ní . . . ní . . . ní . . . fheicfidh tú éirí na gréine . . .

e . . . e . . . áá! (*Le scread*) Buama! Buama atá ann!
(*Cromann sé faoin gcuntar go tobann.*

Scanraítear an FREASTALAÍ *agus titeann an tráidire as
a lámha.*)

FREASTALAÍ (*ag screadach*): Buama! (*Titeann sí siar.*)

AINDRÉA (*ag breathnú thart go scanraithe*): Cén áit a bhfuil
sé?

(*Breathnaíonn gach uile dhuine thart, gan bogadh
óna suíocháin, greim acu ar bhord nó ar chathaoir le
teann imní.*)

LÍSE (*de chogar*): Éistigí . . . t . . . t . . . tá sé in aice an
dorais!

AINDRÉA (*de chogar*): Stop na gadaithe ansin ar a
mbealach amach!

(*Éiríonn* ARISTOTLE *agus tosaíonn sé ag dul i dtreo an
dorais. Beireann* AINDRÉA *greim air agus
tarraingíonn sí ar ais é.

Bíonn an* TÚINÉIR *ag gobadh a chinn aníos ó am go
chéile.*)

ÚINÉIR (*thuas, an-imní le sonrú ina ghuth*): Éistigí! Beidh
gach rud ceart go leor.

(*Síos leis. Feictear lámh an Úinéara ag cuardach an
teileafóin. Beireann sé greim ar an teileafón,
diaileann uimhir. Is ar éigean a fheictear barr a
chloiginn.*)

ÚINÉIR: Na Gardaí. Sea. Café Colorado. Is ea,
Colorado, cosúil leis an g*Colorado Beetle*. Tá
buama anseo. Cabhraigh linn. Cabhraigh linn .
. . gadaithe! Dath? Dubh agus buí. An *beetle*, ní
an Café! Beir libh otharcharr agus briogáid
dóiteáin agus an tArm! Brostaígí!

90

(*Síos leis an* ÚINÉIR *arís.*

Eagla ar na mná uile, iad ar crith. *Cromann* BEAN UÍ UIGÍN *faoin mbord.* *Súile gach uile dhuine dírithe ar an mbord atá cóngarach don doras.*

*Ardaíonn t*ÚINÉIR *a chloigeann arís.*)

ÚINÉIR: Fanaimis socair.

(*Caitheann* ARISTOTLE *banana leis an Úinéir, ligeann seisean scread agus cromann sé síos arís.*)

LÍSE: Smaoinigh, a Andréa, ár nóiméad deireanach ar an domhan seo. Tá sé greannmhar. Agus bhí an oiread sin rudaí le déanamh agam.

(*Tosaíonn sí ag gáire.*)

LÍSE: Tic-toc, tic-toc.

(LÍSE *ag gáire go histéireach, gan smacht aici uirthi féin.*)

LÍSE: Tic, há há, toc, tic-toc, tic-toc, tic-toc, há há há!

(*Breathnaíonn* ARISTOTLE *uirthi le spéis mhór agus le hiontas.* *Bíonn sí ag gáire go fiáin, agus í ar crith.* *Tosaíonn* AINDRÉA *ag iarraidh í a shuaimhniú.*

Bíonn an tic-toc, tic-toc le cloisteáil go bagarthach i gcónaí.

Fad is a bhíonn sé seo ar siúl, téann ARISTOTLE *ag lámhacán óna bhord féin go dtí an bord in aice an dorais.* *Aimsíonn sé an beart óna bhfuil an ticeáil ag teacht, agus piocann sé suas é.* *Agus é an-sásta go deo, ritheann sé ar ais chuig a mháthair.*)

ARISTOTLE (*ardaíonn sé an beart*): Féach, a Mhamá, féach. (*Agus é ag déanamh strainceanna dímheasa i dtreo Alanna*) Níl sé agatsa, há há há! A Mhamá, tá an tic-toc agamsa, féach!

(*Mciongháire mór ar aghaidh Aristotle.*

Feictear barr chloigeann an úinéara os cionn an chuntair.)

ÚINÉIR: Óóóóó! (*Titeann sé siar faoin chuntar le cleatar de sháspain agus de sciléid.*)

FREASTALAÍ (*le scread*): Cabhair! Cabhair!
(*Ritheann sí i dtreo na cistine ach titeann sí thar a tráidire agus luíonn ar an urlár ag cneadach.*
Breathnaíonn AINDRÉA *ar Aristotle.*)

AINDRÉA (*de scréach*): Aristotle!
(*Seasann sí, a lámha amach roimpi agus cúlaíonn sí go mall uaidh.*
Feictear ALANNA *ag preabadh síos suas ar a cathaoir le teann feirge.*)

ALANNA: A Mhama, a Mhama, tá mise ag iarraidh an tic-toc. Tá mise ag iarraidh an tic-toc, cén fáth a mbíonn an tic-toc aige siúd an t-am ar fad?
(*Ritheann* ALANNA *i dtreo Aristotle.*
Cloistear bonnáin na nGardaí, na n-otharcharr agus na Briogáide Dóiteáin, agus iad ag teacht le chéile.
Tá ALANNA *ag iarraidh an beart a bhaint as lámha Aristotle, agus tá na mná ag screadach.*
Brúitear na doirse isteach agus isteach le saighdiúir(-í), a bhfuil trucail bheag le rothaí aige chun déileáil leis an mbuama, le Garda(-í), le banaltra(-í), le hoifigeach/igh dóiteáin. Seasann siad ar aire.
Ciúnas iomlán anois seachas an tic-toc.)

SAIGHDIÚIR (*ag caint go ciúin*): A bhuachaill, cuir síos an beart sin ar an urlár go han-réidh, gan é a chroitheadh. Gach duine eile amach ar an tsráid.
(*Ag an nóiméad sin tagann an* TSEANBHEAN *ar ais agus seasann sí ag an mbord a raibh sí ina suí aige*

roimhe sin. Tá málaí plaisteacha á n-iompar aici.
Breathnaíonn gach duine uirthi.)

SEANBHEAN (*go fústrach*): Céard tá ar siúl anseo? Ar aon chuma, an bhfaca duine ar bith beart beag a d'fhág mé i mo dhiaidh áit éigin?

(*Feiceann sí an beart i lámha Aristotle.*)

SEANBHEAN (*ag siúl chuig Aristotle*): Á, sin é.

(*Déanann sí iarracht é a bhaint d'Aristotle.*)

ARISTOTLE (*é ag iarraidh an beart a choinneáil*): Ní hea! Ní hea! Is liomsa é. Mise a d'aimsigh é!

ALANNA (*ag caoineadh*): A Mhamaí, tuige a bhfuil an tictoc aige siúd an t-am ar fad?

(*Éiríonn leis an* TSEANBHEAN *an beart a bhaint d'Aristotle. Tá gach duine ag breathnú ar an eachtra seo agus gan iad cinnte céard ba chóir a dhéanamh. Ciúnas iomlán seachas an tic-toc. Siúlann sí amach ansin, agus cloistear an tic-toc ag ísliú go dtí nach gcloistear a thuilleadh é.*

Seasann gach duine ag breathnú ina diaidh, a mbéal ar leathadh.)

LÍSE (*go lag, ag titim ar a cathaoir*): Cupán caife, le do thoil, cupán caife!

CRÍOCH

Drámaí eile leis an údar céanna

Sútha Talún agus Drámaí Eile
drámaí do dhéagóirí 14+